酒店投资

88个坑

苏菡 / 著

好酒店是选出来的

苏菡
选
酒店

系列
丛书

闻香识玉人
慧眼看酒店
LOOK AT
THE HOTE

中国旅游出版社

序　言

在许多局外人眼里，酒店投资是一个"躺赚"的好生意，现金流稳定，收益期长，收益可靠，无数新人纷纷下场。然而等他们入局后才惊觉，酒店投资远非想象中那么简单！从酒店选址，到物业评估、品牌筛选、设计装修……酒店投测筹建的每一步，都暗含着险坑。

见过太多掉进坑里苦苦挣扎的投资人。

有人一叶障目，选错了物业，在签下租赁合同那一刻，实则已经被宣判"死刑"，此后的百般折腾不过是求一个"死缓"；

有人落子失误，选错了位置，一头扎进了红海市场，身陷价格厮杀重围，进退两难；

有人明珠暗投，选错了品牌，把本来一块上好的西服料子，乱裁成了牛仔裤，好端端的一个潜力股，被祸害成了一个烂泥坑；

有人病急乱投医，选错了合伙人，为了融资，亲手拉进了毒蛇合伙人，鹊巢鸠占，自己惨淡出局，只留下了一个闹心的回忆；

有人盲目乐观，低估了预算，项目做到一半，资金链便告断裂，到处奔走借贷，拆东墙补西墙，最后把自己的家都拆散了……

这些令人扼腕叹息的失败案例，败在选错酒店上，输在不辨风险上。每一个令人追悔莫及的惨剧，无不在告诉我们：与其事后补救，不如事先选对。

好酒店是选出来的。成功的酒店投资，有赖于一次次正确的选择：选对地段、选对物业、选对定位、选对品牌、选对设计方、选对施工方、选对合伙人、选对融资方式……做选择题，我们最怕"不完全信息下的选择"。能拿出上千万元资金转战酒店圈的投资人，都是百业精英，但因大多是跨行投资，往往欠缺足够的酒店投资专业知识，处在一个"不完全信息"的环境中，从而干扰了投资人的决策。如果从头学起，学习的专业门槛和时间成本都很高，往往一下子让投资人畏难放弃。

鉴于此，我有了这本书的创作目的：将酒店投资过程中的那些共性问题，整理罗列出来，在那些容易"翻车"的地方，插上警示牌，吹响小喇叭，告诉大家，前方有坑，小心慢行。

为此，我用一年多的时间，遍访众多投资人。

他们有的是连续成功的酒店大咖，投资了十几家门店，身经百战，威名远扬；

有的是屡败屡战的忍者，交了上千万元学费，摸索出自己的独门秘籍；

有的是倒霉透顶的输家，至今无法从垃圾项目中解套，提及踩过的坑就眼泪哗哗；

有的是"跨界新物种"，善于洞察本质，擅长抓主要矛盾，虽刚出道，俨然已是圈里的明日之星……

学习专家的智慧，汲取前人的教训，最终我挖掘出这似明似暗的88个坑，用"清单"的形式呈现出来，并试着给出对应的避坑方法。在我的设想中，这本书是一本酒店投资的工具书，面向的读者是初次投资经济型、中端、中高端租赁型酒店的投资人，即新手投资人。全书以"好酒店是选出来的"为核心理念，以酒店投资的流程为主线，聚焦酒店筹建的九大环节，挖掘各个环节常踩的坑，逐一进行分析，并给出避坑方法，这些方法或者是切实的方法论，或者是详细的图表，或者是可直接编辑使用的计算表格，尽可能让初涉酒店业的投资人，也能一看就懂，拿来就用，保证它的实用性。

为了增加可读性，我虚拟了一位主人公老猫，用大量篇幅讲述他的踩坑历程，让大家有更好的代入感，看着故事吸收知识，以老猫为镜明得失。本书侧重于风险提示，将原本隐藏在月亮背面，不为人知的坑揭露出来，让人们得以更直白、更全面地看到酒店投资的风险，从而更审慎地评估自己是否适合酒店投资，思考如何驾驭投资，而不是在一无所知的情况下，仅凭着一腔愚勇，贸然涉险。

本书写作过程中，得到酒店观察网余云平先生的支持，书中的一部分坑在酒店观察网同步连载，感谢众多专家和读者的关注和指正，让我得以将内容打磨得更实用、更准确。

作为一个同样跨行进入酒店圈的新人，囿于个人经验，我对许多问题的认知和思考，在专业性和垂直度方面存在诸多不足之处，衷心希望能得到更多前辈的批评和指正，也希望能借此抛砖引玉，引发大家更多的思考。

有些问题也许并没有标准答案，但提出问题本身，对新手投资人就是一种最宝贵的警示，让我们一起去探索更多答案，选出那个更好的酒店吧！

苏菡

2023 年 2 月 22 日

目　录

8

第一章
入行关

亲爱的投资人：

你做过开个酒店，当个老板，舒舒服服"躺赚"，还有自由的梦吗？

进入新行业不能只凭一腔孤勇，要建立在对行业趋势、市场环境、业务逻辑充分了解的基础上，选好项目，找对合伙人，成功概率才会更大。

如果你萌生了投资酒店的想法，甚至已经看过一些物业或转让中的酒店，正跃跃欲试准备投身酒店行业，并符合以下特征。

□ 第一次投资酒店；

□ 拟投资的酒店类型为租赁物业酒店；

□ 档次为经济型、中端、中高端；

□ 品牌为单体酒店或加盟连锁品牌。

那么请你阅读本章内容，了解酒店投资之前，不能不知的那些事。

ONE
入行关

开业

开个酒店吧！

选合伙人
流程管理
酒店入行

入行关

入行

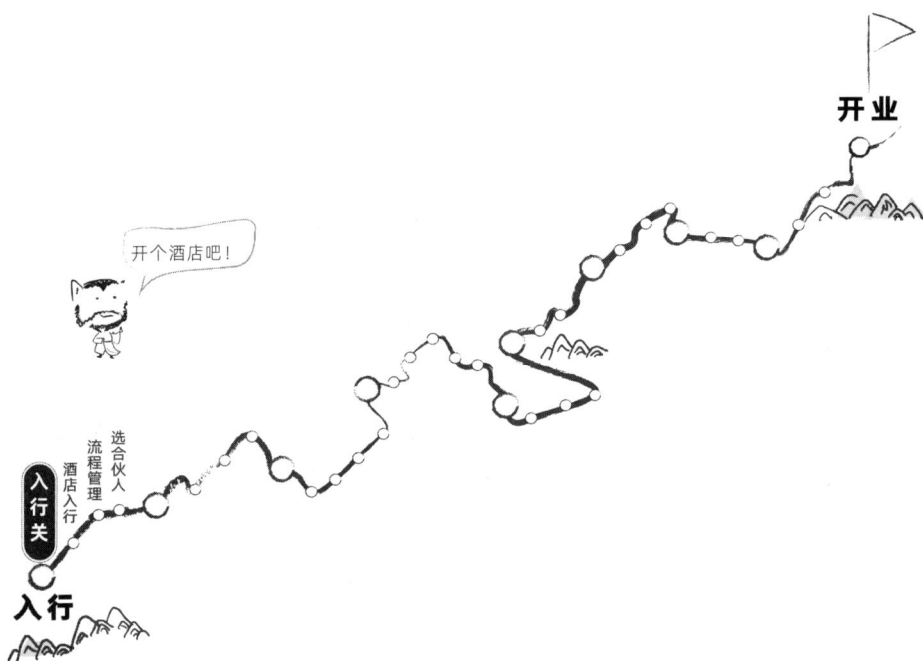

本关目标：**理智入行**

本关任务：了解行业、掌握流程、选择合伙人

本关用时：看决心

本关导航：

【酒店入行】【流程管理】【选合伙人】

酒店投资
避坑地图

好 酒 店 是 选 出 来 的

第一节　酒店入行

"酒店行业怎么样？进入能赚钱吗？"

投资中低端酒店，门槛不高，回报率稳定，投资风险低，因此成为许多成功人士和激情创业者的首选。

本节来扒扒入行时常踩的那些坑。

【老猫踩坑】

开酒店曾是老猫一直以来的梦想，然而这个梦却碎得太残忍。

人到中年的他，事业小有所成，便琢磨着投资个酒店创收。他一直认为，酒店是门好生意，风险小，现金流稳定，躺赚十几年稳健收益。

太太有些担忧："你没干过酒店，是不是想得太简单了？"

老猫不以为然："没吃过猪肉，还没见过猪跑？我住过那么多酒店，太了解酒店缺什么了！"

太太还想劝："听说这几年酒店也不好干……"

老猫反驳道："现在哪行好干？"

太太沉默了。中年男人的创业梦，就像小男孩的叛逆期，越管他，反弹越大……

出于降低风险的目的，老猫决定做一家加盟酒店，一番考察后，他选定了某知名品牌。开发人员和他一见如故，很实诚地说："猫总，疫情加速了行业洗牌，现在正是捡漏的好时候！酒店最看重地段，好位置的酒店是稀缺资源。早抄底，有肉吃；再拖半年，汤都喝不上了……"

老猫有了急迫感，加紧了看房的速度。熟人推荐了一处物业，闹市中心，醇熟地段，并承诺可以帮他赶走竞争对手，拿到最低租金，事成后给他一定干股即可。

开发人员对此处物业也颇为看好，两人算了笔账：按单房造价 12 万元，120 间房，每间房售价 300 元，入住率 90% 计算，不到四年就能回本，后面八年躺赚，每年分红轻松抵过现在年薪。老猫看着那漂亮的数字，一颗心如同沸油里翻滚着的五花肉，欢快地吱吱叫，兴奋得直冒泡。

太太忍不住提醒："万一入住率做不到 90% 呢？甚至连 50% 都不到呢？那不干赔？"

老猫手一挥："我亲自来干，怎么可能！"是呀，他如此成熟，如此睿智，如此人脉广大，如此人情练达，如此精通营销……这样的顶尖人才去干酒店，完全是降维打击！赔钱？要赔也是别人赔！老猫陡生一股豪气！

干！

有熟人在其中穿针引线，物业很快就搞定了。接下来就是搞钱，老猫三管齐下：找不差钱的合伙人一起投资；找品牌开发人员协助申请品牌贷款；缺口部分就用酒店做抵押，有息借款。一路上虽小有波折，但一切向好推进。在一个阳光灿烂的清晨，老猫拍下一张脚部特写，发了朋友圈，配文：脚底风云足下生，从今踏入酒店圈！

然而，雄心壮志大踏步迈出去，扑通！却一脚踩进了坑！

先是发现物业有坑。施工时，老猫才惊觉，这个送了干股才弄回来的"宝贝"竟然是栋危楼，怪只怪自己事先没有做过物业勘验，事已至此，只能忍着窝囊多掏了 500 万元加固费，填平了物业坑。

接着，他发现被施工单位坑了。对方低价中标，进场后要求各种增项，不断分包转包，工程问题炸出的火花像落在火药堆上，引爆了更多的坑，预算超标坑、工期坑、质量坑、融资坑……老猫开启了四处举债的悲惨岁月，他抵押了房产，质押了股权，承担着高息，好容易支撑到开业，酒店却再次给了他致命一击：没有期望中的高收益，只有惨淡的入住率和房价！

直到此时，他才后知后觉地意识到：自己在选品牌时，也踩了坑！

当初仅凭一己喜好，就草率地敲定了品牌，导致品牌定位和现实环境脱节，和周围客群不符，当初预估的收入严重缩水。

老猫欲哭无泪：一头是拦腰斩断的营收，一头是急剧膨胀的成本，酒店的利润薄得像剃须刀片，划碎了当初四年回本的投资预算，创业梦化为泡影，唯一残余的真实，是那累累的负债……

【踩坑分析】

老猫的悲剧，根源在于他在不懂行业、不懂业务的情况下，仅凭着想象就任性入行。

细数他踩过的坑，会发现横贯整个投资流程，从最初的选址、选物业、定位、选品牌、融资、设计、装修、筹开、运营……几乎把能踩的坑都踩了一遍！

这固然有运气的成分，但本质在于专业能力的极度缺失。

因为不专业，别人挖坑他看不出来；

因为不专业，明摆着的坑却绕不开；

因为不专业，自己不断给自己挖坑；

因为不专业，错上加错，坑上挖坑，直到把自己埋了……

无知所以无畏，太多新手投资人低估了投资酒店的难度，以为只要有钱就能搞定，尤其中端以下的租赁型酒店，业态单一，门槛更低，于是他们带着"迷之自信"，纷纷下场，被锤得头破血流后，才明白酒店投资已经今非昔比，业余玩家和专业选手间的差距，可能需要交上数百万元的学费才能抹平。

专业性不足主要体现在三点：

一是对行业缺乏认知，对行业所处阶段、未来发展趋势一无所知；

二是对市场缺乏认知，对酒店市场的消费趋势、竞争变化缺乏洞察；

三是对业务缺乏认知，对酒店投资的底层逻辑、酒店经营模式、业务发展等都雾里看花，停留在非常粗浅的认知程度。

无知就像点燃整挂鞭炮的火柴，一旦凑近鞭炮，损失将不可挽回。

【常踩之坑】

酒店投资初始投入资金巨大，一招不慎，可能折戟沉沙，入行者常踩的坑有：

坑 1：漠视行业周期变化

有的投资人没有周期意识，看不清行业发展阶段，还在用十几年前的老眼光看今天的行业，继续做着"躺赚"的大梦。

每个行业都有生命周期，进入行业的时机很关键，在朝阳期进入，和在日薄西山时进入，命运截然不同。

酒店业迅猛发展四十年，历经以下阶段。

萌芽期：1981 年以前，酒店数量少，设施单一，处于萌芽期。

导入期：1981—1993 年，出现一批中外合资、合作饭店，高端酒店快速发展。

发展期：1994—2000 年，高端酒店过剩，经济型酒店登场。2001—2012年，经济型酒店黄金十年，中端精品酒店崭露头角。

成熟期：2013 年至今，酒店品牌百花齐放，技术已经成熟，买方市场形成，竞争进入弱肉强食的丛林时代，酒店业成本上行，同质化加剧，行业进入微利期，依靠科技赋能、文化赋能发展。

当我们把时间轴拉长，站在更高的行业发展视角后，就能发现过去十几年，很多酒店投资人之所以能做得风生水起，甚至实现了财富自由，逆袭的热血故事背后，离不开行业周期的影响力——前辈们成功地踩到"风口"上，赶上了酒店业的快速发展期，所谓"时事造英雄"。此刻的我们，已然站在了投资的下半场，面对复杂的投资环境，不能没有周期意识，看不清发展阶段，仍然停留在十几年前的认知上，还做着躺赚的大梦。

坑 2：漠视消费者的变化

有的投资人意识不到消费者的急剧变化，消费者都换了一代人了，投资人还在墨守成规，用老套路做着过时的酒店。

时代变迁，人们的酒店消费观早已今非昔比，从前那种偏重功能价值，千篇一律的酒店，越来越无法满足今天的消费需求，细分、个性化的服务，成了酒店业发展的主旋律。

如今，"90后""Z世代"正在登上时代舞台，成为新的主角，酒店消费者的人口结构，已经发生了本质改变，消费场景和习惯随之百变，基于消费习惯的市场细分，也已经成为酒店增长的主要驱动因素。目之所及，各种"生活方式酒店"风靡，各种融合赋能和跨界合作纷至沓来，新消费的风，吹皱了酒店圈这一湖春水。此时踏足酒店投资，投资人洞察不到这种趋向，还在做着刻板老套的酒店，会被市场狠狠教育的。

坑 3：漠视投资者的变化

有的投资人意识不到投资环境和竞争对手的变化，认知依然停留在过去那种"富贵险中求"的投机思维上，缺乏专业精神和学习意识，继续着粗放式的投资模式。

酒店黄金十年，书写了一大批"三无"投资人的创富故事——他们无本金，无专业，无管理，靠着胆大路子野，用高杠杆撬动一家家成功的酒店。他们中玩得最野的，甚至能自己一分钱不出，仅凭刷脸和讲故事，把酒店开起来，完成原始财富积累。

但行业周期早变了，酒店业已经进入微利的成熟期，伴随着融资成本高涨，酒店回本速度变慢，"三无"模式走向末路——当行业处在快速发展期时，拼的是速度，只要你够快，行业爆发的巨大红利，足以抚平粗放式投资造成的伤害。但到了成熟期，拼的是专业，拼的是管理，投资人如果还因袭老套路，把开酒店当成了投资理财项目，只投不管，不专不学，坐享其成，是不会有生存空间的。

【避坑地图】

业内不容门外汉，与时俱进精进酒店专业知识，提高管理能力，才是成功撬动酒店投资的支点。

鉴于酒店行业已经进入成熟期，从决定投资酒店的那一刻起，就进入了拼专业的赛场，入行第一件事，首先要做的是对自己重新进行角色定位：

如果有从业经历，有专业积累，你可以亲自下场。

如果你是一个行外人，那就要根据酒店管理的要求进行角色划分，清楚自己能做什么，不能做什么；不能做的部分，应该找哪些专业人士补齐。

入行容易出行难，想要胜任新语境下的酒店投资，要求投资人要快速提升自己的专业水平。可问题来了：专业无法一蹴而就，经验也需要项目累积，新手如何才能在经验不足的情况下，开展投资工作？

本书提供了一种学习思路：按照酒店投资的流程，历数不同环节中的常见共性问题，尤其那些隐蔽性强、杀伤力大、后患无穷的问题，提炼总结出酒店投资的 88 个坑，在这些坑出现的时间点和方位点上，插上醒目的警示牌"前方危险，小心绕行"，以尽可能帮助投资人扫雷避坑，快速安全地通关。

如此一来，哪怕你是一个初次投资酒店的新人，对酒店的认知为零，只要在你投资的全流程中，每一次做出重大决策之前，先来翻翻这本书中对应的章节，事先洞察风险点，就有可能提前识别避坑，让世间减少很多悔不当初的痛苦。

为了便于阅读和理解，我虚构了两个投资人形象老猫和狐君，他们如同游戏中的 NPC（非玩家角色）一样，任务就是头前引路，替我们一个一个地去踩坑。而在他们踩坑的过程中，我们以上帝视角，了解他在哪些地方踩了坑，踩了什么坑，踩坑的后果是什么，为什么会踩坑，我们如何才能避开这些坑。以他为镜，反思自己：如果换作我，我该怎么做？

Hi!
我是老猫~~

姓名：**老猫**　江湖人称【猫总】
职务：老猫酒店管理公司总经理
性别：男　年龄：80后 天秤座
爱好：赚钱，赚钱，赚钱
投资经历：**首次投资租赁型酒店**

Hi!
我是狐君~~

姓名：**狐吉荣**　人称【狐君】
　　　职务：资深投资人
性别：不详　年龄：不详
爱好：数钱，数钱，数钱
投资经历：20年老酒店人

　　如果你有意投资酒店，或已经出发在路上，不妨将它当作一本闯关地图：根据自己当前所处的阶段，找到在本书中对应的章节，提前翻阅，剧透剧情，预判风险，及时避坑。比如，你此刻正在找物业，就可以翻到"物业关"，看看这个阶段有哪些坑，对照书中所列"坑"的清单，重点防范检查，保护自己。

　　来吧！上车，系上安全带，让我们开启酒店投资的闯关之旅吧！

第二节　流程管理

　　"投资酒店，从开始到结束都有哪些环节？"

　　酒店投资属于连贯性流程，前一个环节会影响下一个环节，各环节唇齿相依，其中一个环节出了问题，很可能满盘皆输。

　　本节来扒扒投资流程的坑。

【老猫踩坑】

老猫的命运，在签下酒店物业合同的那一刻，急转直下。

一年前，他看好了一处物业，按常规操作来说，他本该先勘察物业，确认物业的合规性、安全性、适用性没问题后，再做酒店可行性研究，评估物业的经济性，最后才决定是否租赁。

然而，因为没经验，老猫只是用他 800 度的近视眼，扫视了几圈，便签下了租赁合同。随后，在未做项目评估的情况下，直接敲定了加盟品牌。

接下来的工作，本该是等设计图纸确认、施工图完善后，再进行招标，选定装修施工方。但老猫为了"抢工期"，跳过了招标，直接内定了自己干家装的小舅子，并授意他提前进场，先做着拆除类的工作。两人约定：物料费按小舅子的采购发票支付，人工费按实际工作量支付，先由小舅子垫付。

但设计师现场勘测时，发现物业存在诸多功能性硬伤，导致设计无法正常开展，设计节点一拖再拖，两个多月后才勉强拿到施工图，小舅子又憋了半个月才给出报价，价格竟是品牌方指导价的两倍！

老猫一看急眼了，小舅子也很冤："这不能怪我，是这栋楼的质量太差了，改造成本是正常楼的两倍。你要是不相信我，就把前面的钱结清，后面找别人干吧！"

此时施工近半，工地上到处开肠破肚，像做了一半的大手术，哪能临时换主刀大夫？小舅子也是吃定了这一点，在合同谈判时狮子大开口，老猫只能被牵着鼻子走。

老猫焦头烂额之际，才意识到自己当年犯了大错——实在不该打着"抢工程"的旗号，无视正常流程，引发这一连串的恶性连锁反应。

图快一时的代价，是数倍的时间和金钱！

【踩坑分析】

老猫这次踩的坑，根源在于违背了酒店投资的正常流程。

从表面上看，他踩的坑五花八门，包括物业坑、品牌坑、设计坑、装修坑……简直遍地坑洼，像被炮轰过的战场。但透过这些表层事实，你会发现，这些坑都是"结果"，造成这一片狼藉的那颗炮弹，是"流程坑"——因流程错误而引发的一连串恶果。

流程坑的隐蔽性很强，往往要等事后问题全面爆发后，当事人才惊觉已经踩坑，而此时木已成舟，再想补救，需要付出数倍的代价，严重者，甚至根本没有挽回的余地。

是否具备流程化思维，堪称优秀投资人和小白的分水岭。

所谓流程化思维，就是将一个复杂的事，拆分为多个步骤，然后对每一个步骤进行优化，最终实现整体最优化。这就好比医生看病，复杂的诊治过程，可以拆成问诊→体格检查→实验室检查→诊断→处方等步骤，只有严格遵循流程，提高每个步骤的正确率，方能最大化降低误诊概率，提高治疗效果。

酒店投资全流程中，各环节紧密相连，前一个环节会影响下一个环节，各环节间互为影响。如物业选择的结果，会影响酒店定位，定位的结果会影响品牌选择，而品牌选择又将影响设计环节、装修环节、筹开环节……一路波及开业后的运营，决定酒店投资的成败。

流程做对了，可以产生复利式叠加效应，反之，伤害也会被叠加，前面的环节一旦出现问题，随着流程的不断推进，累积造成的损耗会越来越大，直至最后无法收拾。

【常踩之坑】

很多新手投资人初入行时，对于开酒店要做哪些工作，经历哪些步骤，都一知半解，很容易操作不当，踩中以下流程坑：

坑 4：缺项漏项

新手投资人没有经历过酒店筹建运营的全过程，未知全貌，自然就容易遗漏。

如前文中老猫在选择物业时，就漏掉了物业勘测环节，直接拍板物业，错选了有质量问题的物业，导致改造工程严重超预算，酒店投资铩羽。

酒店投资最容易被疏漏的环节，多集中于筹建前期，如物业勘测环节、项目定位环节、评估环节、品牌定位环节等，这些环节都在不同程度上影响项目走向，投资成败，漏掉了它们，就像伤口缝合时漏下了止血钳一样凶险，后患无穷。

坑 5：前后颠倒

酒店投资流程环环相扣，虽部分环节有交叉，可以同步推进，但大走向是单程式推进，遵循着先物色物业，然后评估定位，再确定品牌，最后设计施工的路径，如果逆向行驶就会造成大量返工。

顺序颠倒大多可以归咎于两点：一是无知，一张白纸的投资新人，压根不知道正确顺序是什么，想到哪就干到哪，边走边瞧，自然就颠三倒四；二是自负，有的投资人为了"抢时间"，自信地同时推进多条路径，把本该排在后面的事情也同步干起来，如同时设计、施工，结果边干边改，时间没节省多少，麻烦倒是干出不少。

坑 6：没有重点

有的投资人筹建酒店时，缺乏优先项排序，眉毛胡子一把抓。

流程化思维并非简单地将全部步骤串联起来，还要对其优先级做出判断，酌情投入相应精力和资源。

有些环节属于战略级别，如酒店定位评估环节；有些则属于战术级别，如租赁合同签订；有些环节不允许出错，如物业评估环节；有些则容错率较高，如在酒店品牌供应链平台上选择设计公司；有些环节实施难度较大，如酒店可行性研究；有些则相对简单好上手，如酒店市场调研工作……

不是所有步骤都需要同样的重视程度，投资人要拎清哪些是重点，哪些是末节，集中火力击破重点，确保投资有序进行。

【避坑地图】

酒店投资流程有多种划分方法，本书为了方便新手投资人快速上手，将其分为九个环节：

1. 入行

目标：理智入行

任务：了解行业、掌握流程、选择合伙人

用时：看缘分

人无法赚到认知之外的钱，新手投资人不能凭激情入行，需要冷静地了解行业、市场、业务，只有掌握了投资流程和底层逻辑，并找到优秀的合伙人，成功的概率才会更大。

2. 选位置

目标：酒店选址

任务：选择地理位置、竞争位置

用时：看缘分

位置决定酒店的流量，堪称"先天之本"。选址既要考量该位置上的资源丰富程度，有多少人，多少配套，多少交通资源等；还得考量此地的竞争格局，有多少竞品，竞品定位，和竞品的相对优势是什么。既要在"地图"上选址，也要在目标客户的"心智"中选址。

3. 选物业

目标：选择物业

任务：评估物业合规性、安全性、适用性和经济性，评估租金，签订租赁合同

用时：看缘分

物业决定酒店的档次和形象，堪称酒店"后天之本"。选择物业时，不能只紧盯着租金，还得进行专业勘测，审视其软硬件的具体情况，判断所处的生命周期，充分评估其合规性、适用性、经济性，引入"资产周期匹配市场周期"的资管思维来选择物业。

4. 评估

目标：评估项目可行性

任务：市场调研、酒店定位、投资测算

用时：15 天

评估决定项目最终能否立项，堪称酒店的"生死抉择"。评估时，通过市场调研，研判酒店定位，在定位指导下给出产品线建议，并据此计算投资回报率，判断该位置和物业是否适合投资、如何投资。跳过评估直接投资，就像盲婚哑嫁一样危险。

5. 定品牌

目标：确定品牌

任务：确定是自创品牌还是加盟品牌，如果加盟，选择什么品牌

用时：15 天 ±

品牌是酒店定位的外显，是消费者的购买理由，定品牌时，掌门要基于

评估结果进一步决策：酒店选择何种管理模式。选择自管，就要着手搭建团队、自创品牌；选择委托管理，便要考虑选择什么品牌。前期可采用"模糊逻辑"，多接洽几家同档次的酒店品牌，依据其品牌标准，对比出房量、投资额，进一步精算酒店投资回报率。

6. 融资

目标：完成融资

任务：制订资金计划、选择不同渠道融资

用时：看本事

现金流是酒店的动脉血，酒店筹建期没有造血功能，全靠输血，短短数月内，千万元级资金注入，对投资人是一个严峻考验，必须做好资金管理，结合自身实力和金融市场情况，合理融资，制订资金使用计划，确保现金流。

7. 设计

目标：酒店设计

任务：筛选设计公司、根据定位确定设计方案、绘制施工图

用时：30 天 ±

设计决定酒店的形态、功能、造价、价值以及可持续性，勾勒出酒店最终的模样，也框定了投资的经济性和回报率。投资人要从自身情况出发，谨慎挑选设计公司，确保设计在酒店定位指导下开展，满足相应的功能价值、体验价值、文化价值和经济价值。

8. 施工

目标：酒店装修

任务：筛选装修公司、施工管理、各项验收

用时：6 个月 ±

装修是酒店从梦想到落地的重要环节，决定酒店能否真的实现其功能、体验和价格。施工时投资人要严把施工质量、工期、造价，抓好各项验收工作，力保酒店能在预算范围内按时保质地完工。

9. 筹开

目标：开业前筹备

任务：人员招聘培训、物资采购、证照办理、酒店推广、开业前检查等

用时：60 天 ±

筹开是酒店开业前的最后冲刺，也奠定了未来的经营基础。投资人要当好总调度，依据开业日期，制订倒排计划，抓住资金、证照、人员等主要矛盾，确保按时开业。

现实中，这九个环节未必严格遵循上述顺序，如有些酒店是先选址，有些则是先选物业，有些环节跨度很长，如融资可能贯穿酒店筹建全程，但评估→立项→设计→施工→筹开的基本顺序不会变。

九个环节汇成一张流程地图，它也是本书的主线，后续章节我们将逐关进行介绍，开启闯关打怪之旅。

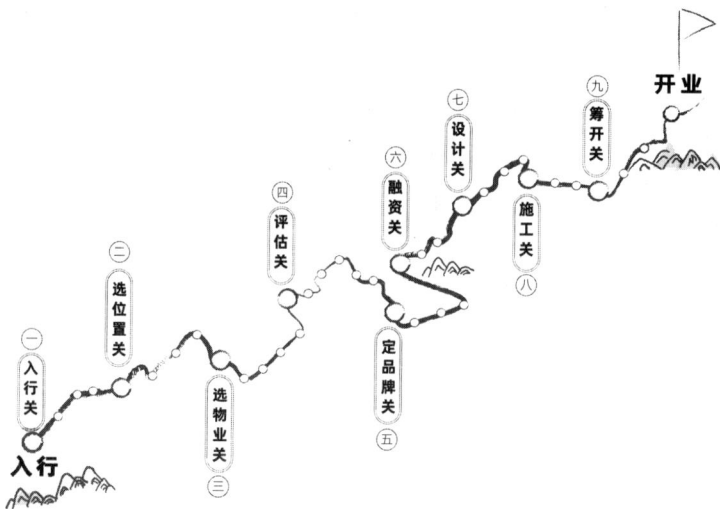

【踩坑小结】

流程是酒店投资管理的基础，通过流程拆解，各个环节隐藏的坑更容易现出原形，让投资人得以及时规避，提升每一关的效率。

流程化思维是一种复利思维，假设每一关我们能提高 20% 的效果，整体累加就是（1+20%）^9=5.159，最终得到 5 倍的优化结果。反之，如果每一关都踩了坑，都差一点火候，只做到80%，累加后整体结果不是80%，而是（1-20%）^9= 0.134！这是一败涂地！

重视流程化管理，是对投资结果的最大负责。

第三节　选合伙人

"他是一个好合伙人吗？"

从融资、发展、分散风险出发，很多人会选择合伙开酒店，租赁酒店进入和退出壁垒比较低，管理不复杂，收益相对稳定，找合伙人并不难，但隐藏的问题却不少。

本节来扒扒找合伙人的坑。

【老猫踩坑】

老猫的九条命，第一条命殒找合伙人。

他投资酒店，资金缺口很大，于是融资的过程，就成了找合伙人的过程，找合伙人的第一标准就成了：有钱就是大爷。

这种"钱合"的松散关系如何才能稳定？老猫想到的办法就是找熟人，

靠熟人间的信任把彼此捏在一起。于是，找合伙人的第二标准就成了：看是不是自己人，最好自家的亲戚。

刚合作时，大家都是体体面面的，吃着火锅唱着歌，亲热地如同"异父异母的亲兄弟"，酒酣耳热之际，拍着胸脯子起誓："咱亲哥儿一起做大事！"

承诺在酒醒后消散，而矛盾却在困难时显露。

随着项目启动，遇上事了，碰到壁了，到了最需要合伙人团结一致攻克难关的时候，老猫却发现：这群"亲哥们儿"各有各的小心思，不听指挥了！

老猫作为掌门人，自然是怀着背水一战的决心。但其他合伙人却各怀鬼胎：

有的合伙人是属兔的，一有风吹草动，跑得比风还快；

有的合伙人是属象的，实力雄厚，这个店只是他众多投资项目之一，他不会为了本店全力以赴；

有的合伙人是属鸡的，同时兼任好几家酒店的顾问，就像拴在门槛上的老母鸡——里里外外找食吃，他们只出建议，不担责任，酒店真的倒闭了，于他而言，也就是少了一份兼职收入；

有的合伙人是属鬣狗的，项目有难，他趁火打劫，借口能帮忙找人摆平，和掌门人大谈条件，像鬣狗掏肛一样，吃相难看，下嘴毒辣；

有的合伙人是秃鹫，专挑"垂死之人"垂涎左右，当掌门人四处举债想苟延残喘时，秃鹫以逸待劳贱价抄底，把掌门吃干抹净……

这么一群豺狼虎豹，合伙的结果就是：团队像个"团伙"，遭遇外敌时，内部先打了起来，跑路的跑路，插刀的插刀，要好处的要好处，看热闹的看热闹……

枪口不对外，却指向自己人，掌门腹背受敌，堡垒从内部攻陷。

【踩坑分析】

老猫这次踩坑，根源在于选错了合伙人。

开酒店涉及建筑、设计、工程、品牌、营销、管理、融资等工作，还要面对税务、消防、市场监管、城管等部门，复杂性之高，绝非个人英雄能搞定，必须有众多合伙人协作完成。

酒店投资人可分为两类：一是操盘人，多指大股东、总经理，他们通常是项目的发起人、带头人，负责战略制定和全盘统筹，本书称之为"掌门人"；二是跟着掌门人一起投资的中小股东们，也就是合伙人，他们有些参与酒店管理，有些只出钱，不参与具体事务。

合伙人堪比酒店的"承重柱"，其实力强，则酒店基础稳固；其水平高，则酒店未来可期。如果合伙人存在重大问题和分歧，动摇的是酒店之本。

生意好干，伙计难搭，几乎没有一家酒店，能避免合伙人间的龃龉，只不过程度有轻有重。合伙人坑可分为两类：

一是掌门人识人不明，招揽进来志不同道不合者，导致大家从一开始就同床异梦。

二是掌门人管理欠佳，缺乏组班子、带队伍的能力，把对的人用错了，未能人尽其才，导致大家渐行渐远。甚至有些掌门人胸怀不够，容不下功高盖主的"能臣"。

合伙人不同于员工，员工不合适可以另请高明，但合伙人是酒店的股东，受法律保护，哪怕掌门与其再不睦，也得长相厮守，君不见，太多生意兴隆的酒店，因为合伙人闹翻而一落千丈，"英年早逝"。

找合伙人就像找对象，宁缺毋滥。

【常踩之坑】

道不同不相为谋，让不该合伙的人成了合伙人，轻则在其位不谋其政，重则毒害酒店发展。选合伙人的常见坑有：

坑 7：钱多为大

有些掌门人找合伙人时，只看出资能力，忽略了对其他标准的筛选。

合伙人的确是酒店资金的主要来源，尤其酒店这种重资产行业，对资金的依赖性很强，当酒店资金吃紧时，股东要有实力继续为酒店"输血"，但过于看重对方的"钱袋子"，忽视了对人品、三观、专业的筛选，唯钱是用，很容易把牛鬼蛇神弄进来，合伙人各怀鬼胎，内部先打成一团，死于内斗。

坑 8：唯亲是用

很多掌门喜欢用"自己人"，于是就把亲戚、发小等拉进来一起合伙。越小的酒店，这种现象越严重，酒店俨然搞成"一家亲"，从股东到员工，从总经理到会计采购，大家都沾亲带故。在这种酒店内部，管理很难：

你想按"员工"约束他，对方一脸委屈喊"舅舅"；

你想按"合伙人"期望他，对方却把你当"饭票"；

你想按"契约"规范他，对方却和你讲"感情"。

交缠在一起，很容易演变成：刚合作时你侬我侬，遇到分歧后你猜我疑，赔钱了怪你坑他，赚钱后嫌你抠门负他。而且这种家族式酒店的排外性很强，真正有能力的合伙人，不屑、也不敢与之为伍，一个"外人"，很容易被这一家子吃光抹净。

坑 9：愿景不同

很多掌门无视合伙人在投资目标、风险偏好的巨大差异，吸纳了三观不合的队友，内讧不断。

表面看大家开酒店都是为了赚钱，但赚什么钱，怎么赚，不能赚什么钱，每个人想法各异，差异之处便是合伙人内讧之根。

有些人投资酒店是奔着当成终身事业去的，为此不吝成本打磨产品，提升用户体验，立志打造酒店品牌和个人 IP，以图将来规模化，是坚定的长期主义者；

而有些人投资酒店是奔着赚快钱去的，为了实现利益最大化，不惜偷工减料，甚至坑蒙拐骗，把合作伙伴从头骗到脚，割完韭菜就跑；

创业初心和目标如此不同的人，如果强行"结婚"，必会水火不容，而更糟的是，按照合伙企业制度，酒店重大事务必须取得全体股东同意，万一宵小联合多数股东，掌门人很有可能被"架空"，失去话语权。

早知如此，莫如当初不识。

坑 10：因小失大

有的掌门为了获取某些人手中掌握的资源（垄断信息、特权），不惜以干股做交换。

如能搞定物业者、能搞定手续者，这类资源咖通常只在筹建期有用武之地，甚至只用"一次"，为了短期价值，牺牲十几年的股权分红，实在是赔本生意。何况这种"赠股"，受赠人往往只享受分红，不担风险，当需要追加资金或承担损失时，对方并不买账，掌门人在割股相赠前，一定要算好这笔交易值不值。

还有一点，很多人嘴中夸耀的关系、人脉，到底有几分属实，还是未知数。对这种短期价值，建议用现金买断，而非割股置换。

坑 11：一臣二主

一臣二主，指的是同时在多家酒店兼职的合伙人，多为技术型人才。

酒店投资的专业门槛很高，团队中必须有专业型合伙人作为"压舱石"。但这种人才凤毛麟角，新手掌门更难挖得动，便许以干股，以求对方能全力以赴。

慎选这种无法全力投入的技术型合伙人。因为酒店筹建期和运营初期，事情庞杂、千头万绪，非常"吃时间"，需要全心全力扑在工地和酒店里。如果一个主要技术合伙人，只能一周去开一两次会，隔天点个卯，是万难胜任酒店筹建工作的。

而且，"兼职"往往"两头兼顾不上"：心态上难有主人翁意识，时间上也难自己做主，同时打两份工，分身乏术，哪边好处大，就往哪边靠……掌门人靠不上这种人。

坑 12：没有规则

有些掌门人江湖气重，把义气、兄弟情放在首位，放松了对合伙人品性、诚信、契约精神的考察，吸纳了规则意识淡薄的合伙人。

没有规则意识的合伙人，越是紧急关头越掉链子。比如，当酒店资金吃紧，需要追加资金了，大部分股东遵守规则继续投钱，有人却玩起"拖"字诀、"赖"字诀，还振振有词："我是小股东，也不差我这几十万，你大股东先顶上呗！"当这种"老鼠屎"践踏游戏规则时，其他股东也会心生异议，毒瘤迅速"扩散""转移"，加速酒店病情恶化。

多人共事，规则先行。酒店创立之初，如果没有制定合伙人协议，明确约定合伙人的权责利，后面有的是扯皮纠葛。

【避坑地图】

没有绝对完美的合伙人，只有相对合适的同行者。合适的同行者，是选出来的，也是用规则约束出来的。

一选能力

初创酒店公司搭配班子，可以学习方剂组方之道。

一道好用的方剂中，各味药材并非平均发力，而是分为君臣佐使：

君药，是方中之首，针对主证起主要治疗作用的药物。君药犹如掌门人，他要有大担当，能肩挑酒店创业大任，当好总指挥，总揽全局。

臣药，指辅助君药，加强治疗主证或兼证之药。臣药犹如掌门之臂膀，要足够专业，胜任酒店投资的专业性要求，如擅长酒店定位、精于工程管理的合伙人。

佐药，指配合君臣药治疗兼证，或抑制君臣药毒性之药。佐药犹如小股东，他们各展所长，有的出钱，有的出力，共同护卫酒店投资。

使药，指引导诸药直达病灶，或调和诸药，使之合力祛邪的药物。使药犹如那些擅长沟通和管理的合伙人。

厘清自己团队的现状，君臣佐使还缺哪一味？如果缺专家，那就发力去找专业型合伙人；如果缺资金，就发力去找有钱的合伙人；如果缺掌门，那这创业还是再等等吧。

小方子，君一臣二就够了，佐使药酌情增减一二。中小规模酒店投资，人员配伍也不宜过多，以三到五人为宜。一个人不利于风险分散，两个人容易内部分裂，七人以上众口难调。

二 选人品

没和合伙人撕过，你都不知道合伙的是人还是妖。合伙人的品性和能力一样重要，可以借用冰山模型判断人的三观、性格。

心理学家麦克利兰将人比作一座冰山，水面之上，是知识、技能、是容易被看到的部分，也容易改变；而水面之下，藏着人和人之间真正的不同——性格、动机、价值观，这些特质决定了一个人的行为模式和人格特质。

要了解合伙人的价值观：想挣快钱还是想做品牌？把酒店当事业还是当消遣？想规模化发展，还是见好就收？是信奉无商不尖，还是无商不奸？不同的价值观，指向了不同价值排序和行为特征。

价值观虽然潜藏于水面之下，但一个人的行为举止、谈吐嗜好，还是会泄露他的"秘密"。投资人一定要多给自己时间，考察未来搭档的创业初心、自我认知、角色定位、三观动机等。

投资越大，风险越大。伦敦四季酒店在合伙前，四季酒店创始人伊萨多尔·夏普几乎每个月飞越大洋，去见他的准合伙人，双方吃饭、喝茶、品酒、抽雪茄、聊政治、讲文化……考察的过程持续了三年之久。像夏普一样慎重地挑选合伙人，合作前必须确定彼此同频，没经过充分了解就草率合作，就像闪婚一样，对自己极不负责。

三 定规则

再好的合伙人，缺少规则约束，也会分崩离析。

酒店投资从最初的选择物业、项目定位、酒店筹建，一直到利益分配、风险共担，每一个决策都牵扯到合伙人的利益，引起分歧，遇到矛盾时如何解决，就需要提前设定规则。

合伙时要将"丑话说在前头"，先签订股东协议，君子约定：

公司的方向是什么？（准备做什么？时间计划如何？为什么要做这件事？怎么来做？）

合伙人要履行哪些义务？（出钱？出力？出资源？）

如果义务完不成怎么办？（是回购其股份吗？股份如何作价？）

合伙人享有哪些权益？（如何分红？何时分红？）

公司的治理结构是什么？决策机制是什么？（谁说了算？如果集体决策，如何决策？决策如何执行？）

退出机制是什么？（如何退出？如果股东侵害公司权益如何退出？）

这些都要在工商注册时，就事先谈好、签好，否则等分手了，再谈离婚条件……往往很难"善了"。

【踩坑小结】

创业成功是小概率事件，合伙人内卷是大概率事件。

掌门人如果能选对人，避免"有毒"的合伙人进入股东会、董事会，同时用对人，通过制定合理的规则，建立良好的治理结构，组建一个生机勃勃的经营管理团队，用商业规则保护公司。那么酒店投资成功，就占据了最大的"人和"。

8

第二章
选位置关

亲爱的掌门人：

此刻的你，已经下定投资决心，也找到了志同道合的战友，接下来大干一场吧！

酒店业之父斯塔特勒曾说过：决定酒店成功的三个关键因素，位置、位置，还是位置。一个好的酒店位置，要满足双重标准。

☐ 地理位置优越，即抢占地图上那个资源优渥、客户充沛的好位置；

☐ 竞争位置独特，即抢占顾客心智中那个尚未被竞品瓜分的蓝海市场。

两个层面的标准缺一不可，任何一个层面不达标，都称不上是一个好位置，很可能让酒店处于尴尬之地，让投资者站在悬崖之边。

让我们跟随老猫的踩坑步伐，看看选址会遇到哪些问题吧！

TWO
选位置关

选择位置！

开业

（二）
选位置关

选址攻略
选竞争位置
选地理位置

（一）
入行关

选合伙人
流程管理
酒店入行

入行

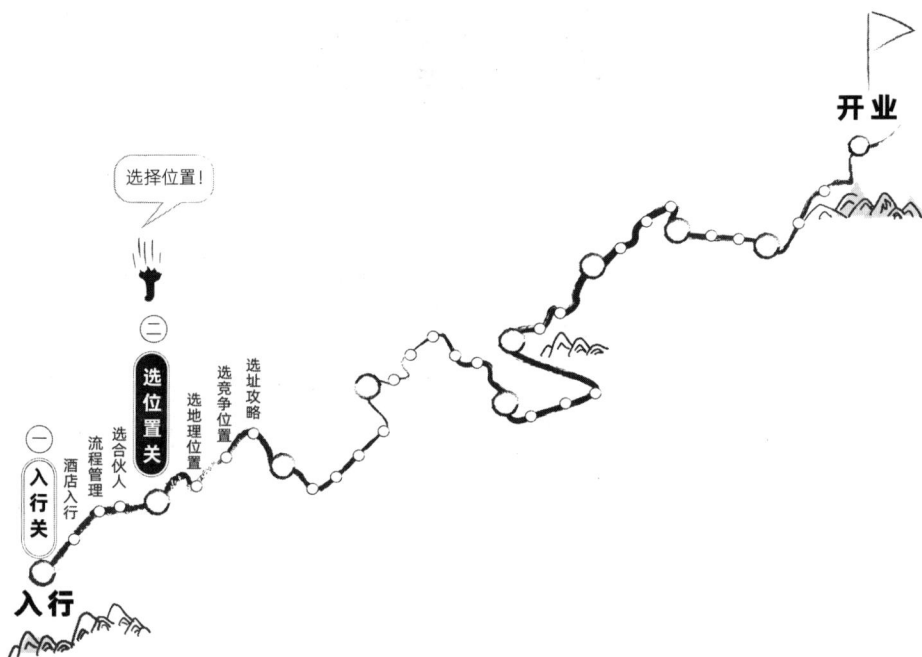

本关目标：酒店选址

本关任务：评估地理位置资源、研判竞争位置关系

本关用时：看缘分

本关导航：

【选地理位置】【选竞争位置】【选址攻略】

酒店投资
避坑地图
好 酒 店 是 选 出 来 的

第一节　选地理位置

"这位置适合开酒店吗？"

酒店相沿成习的选址之道是：看所处商圈性质级别、看周边配套、看周边人群属性数量……关注点又多又碎，暗礁密布，一不小心就掉到坑里。

本节来扒扒选地理位置时常踩的那些坑。

【老猫踩坑】

老猫的九条命，第二条命殒选址关。

他当初之所以选择这里，是因为看好了规划中的会展中心和地铁。

他所在的 J 城，城市规划是"东拓、西进、南控、北跨"，此地正是"西进"的热点板块，彼时堪称全城瞩目，高铁站、会展中心、三馆、地铁……每一处配套，似乎都是给酒店的加持，无数酒店投资人蜂拥而至，老猫就是其中一员。

置业顾问那激情四射的讲解，言犹在耳："猫总，将来会展中心落成后，每周至少四场大展，全年不断！两年后地铁就能投入使用！到时候，下了高铁上地铁，两站直达会展中心，逛完展会直接上楼入住……这真是 J 城独一无二的黄金位置呀！"

老猫在这诱人的画饼下沦陷了，售楼处通明的灯火，更给了他前途光明的错觉，他眼前仿佛看到了那幅热血"钱"景：大展不断，房价猛涨，一房难求……

置业顾问又不失时机地补充道："楼下有四层准备做 ×× 酒店，老板是个温州人……这几天，某朵、某季、某枫都来看过……月底房价又要涨了，再说好楼层也不等人呀！"

老猫心动了，危机感驱使他很快签单，酒店一锤定音。

然而，三年过去了，等开发商们卖完了房子，会展 IP 效应直线下坠，片区依然半生不熟，老猫的酒店缺乏足够的常住人口支撑，疫情期的会展客源又拦腰被斩，稀疏的客流，支撑不起酒店的运营，如同中年男人头顶寥落的头发，撑不起门面……

三年创业梦，豪掷 2000 多万元，为筹建废寝忘食，为办证四方奔走，为运营呕心沥血……这所有的一切，最终由一纸转让信息终结：新装修中端品牌酒店转让，120 间客房，转让费 500 万元（诚心可再面谈）租期 12 年，尚余 9 年……

梦已碎，债犹在！错错错！

【踩坑分析】

老猫这次踩坑，错在过于看重单一要素，忽略了对区位价值的整体考量。

他只看到了酒店临近会展中心，却忽略了新区常住人口基数不足；他只看到了地铁便捷，却忽略了区域竞品众多……一叶障目，不见泰山，而自以为是。

酒店业历经多年浮沉，前人积下无数宝贵经验，例如，"金角银边草肚皮""扎堆酒店更好开""一流商圈三流位置""医院对面聚宝盆"等。但秘籍虽好，不能断章取义。拿"金角银边"来说，这是公认的好位置，但实际应用时，要结合门前是否具备门脸空间，周边停车位是否充裕，车道进入是否通畅、附近是否具备餐饮娱乐配套项目等，综合考量才更安全。

新手在判断酒店地理位置优劣时，可以问自己四个问题：

一问"存量"是否丰厚。存量是指周围的常住人口基数，取决于城市规划、商圈属性、配套情况、酒店周边 1 平方千米的城市多样性指数等。

二问"流量"是否充沛。流量是指流动性需求，过来办事、出差、旅行、开会、走亲访友的人，流量和存量是相辅相成的。

三问"流入"是否便利。流入是从顾客的视角来看，能否方便地找到酒店所处之地（可视性）？能否方便地进入酒店（可达性）？能否方便地停留（可驻性）？

四问"未来"是否有变。指的是片区的发展规划是否存在重大调整，是否会改变现在的商业价值。

举个例子，某投资人看好一处位置，其位于老城中心（存量多），紧邻大型家纺批发市场，每天吞吐海量人群（流量多），可门前局促，不好停车，门前又是单行线（流入不便），这导致人熙熙地来了，又哗哗走了，酒店就是看了个热闹。更糟的是，一查当地政府规划，未来家纺批发市场有可能迁走（未来不保）……显然，这算不上是个好位置。

"四问"是衡量酒店选址的总纲，只要耐心地检索到这"四问"的答案，一个位置的好坏，其实昭然若揭。

【常踩之坑】

"四问"的不及格答案，对应的就是选址时常踩的那些坑。

坑 13：客源不足

有些酒店开在了偏远之地、新区生地，周边人口基数少，商业氛围差，不利于酒店经营。

如上文中的老猫，就错误地选在了城市新区，他只看到了租金低对降低运营成本的利好，却没看到位置偏远对销售的致命影响，一心只想着过个三年五载，片区逐渐成熟后，自己便能坐享发展红利。但城市发展需要时间，规划未必全能落实，等酒店开起来后，四周人烟稀少，酒店门可罗雀，哪还能撑到三年五载后？

避坑地图

酒店选址，一定要衡量周边的常住人口数量、结构。

常住人口是保障酒店入住率的基石，是酒店经营稳定的压舱石。所以，你会看到《酒店可行性研究报告》中，会用很大的篇幅盘点区域经济发展情况和人口情况，细数他们的年龄、性别、职业、教育水平、家庭结构、收入情况等，常住人口多，客源才稳定。

哪些区域人口比较密集？

醇熟城区，繁华闹市——像城市的商务区、开发区、商业中心、中高档居民住宅区、大型游乐中心和高校校园等，人口基数都比较大。其中，尤以这几类最佳：周边有知名高校，或在校生超 20 万人的教育区；邻近有地标建筑、历史文化、旅游景区等；方圆 3 千米内有大量企事业单位等，这些信息能帮助投资人快速完成初筛，更进一步地研判则需要借助科学的调研体系，用数据说话，不能仅凭"感觉"拍板。

坑 14：客源单一

有些酒店周围只有一种客户类型，酒店入住率全指望它，经营风险大，万一这唯一的客户还有明显的峰谷变化，就更悬了。

如某投资人将酒店开在写字楼群中心，周边只有商务客群，周一到周五，从不愁客户，房价也高出其他区域的同品牌门店几十元。可一到周末，客流直接腰斩。节假日的入住率也是凄凄惨惨戚戚，看似核心地段，可是一算全年 RevPAR（每间可供出租客房收入），比不过其他区域的同品牌店，可租金却远高于它们，酒店利润薄如剃须刀片。

避坑地图

选址时尽量选择客源多元的位置，不同客源间可以互为补充。

厘清所在商圈的性质，酒店附近都有哪些需求来源地，酒店物业与这些需求来源地的距离（车程、开车时间、步行时间等），判断哪些客户是酒店的主力客户，补充客户有哪几类，他们各自占比如何。

坑 15：到达不便

有些酒店到达路线不畅，客户在前往酒店的路上被"劝退"。

如某些老城区的酒店，道路本就逼仄，路两边又停满了车，只余中间一条窄缝勉强通行，停车更是难上加难；有些主干大道旁的酒店，早晚高峰堵车堵得水泄不通，一个路口五六次绿灯都拐不过去，客户心有余悸，从此再也不考虑入住；还有些酒店被邻楼或树木挡住了招牌，酒店深藏阴影中，顾客开着导航找到附近，绕了好几圈也找不到入口，一肚子火都算在酒店头上；更有甚者，有些酒店门前的道路在高峰时段限行，自驾顾客常因不熟悉路况而违章被罚。

避坑地图

畅达的交通，会"缩短"实际距离，让酒店的辐射半径扩大，有助于更多流量进入酒店，并提升用户体验度。

优先选择以下位置：

☐ 临近城市交通枢纽道路、大桥、隧道、高架、城市环线，车流大，具有可停留性的位置。

☐ 临近地铁站、公交站、主干道的位置，商业繁华区也可内进，但距路口不宜超过 50 米，避免过多迂回分岔，有车道直达门前，路口要有醒目的路标；选址点 300 米内要有 5 条以上能通达商业中心、机场、车站、码头的公交站线。

☐ 物业的进出口便利宽敞，快速路无隔离带，避开单行线。路两边不能遍地摊贩，要能从容双向行驶。

☐ 分期开发的区域，要问清开发周期、施工进度、后建物业高度，避免这边酒店在营业，那边却在施工，后续高楼拔地而起，把自己遮得严严实实。

☐ 如果附近遮挡物多，要评估是否可以改善，如移走遮挡物、修剪遮挡

树木，增加导示、路牌、高炮等方法，事先和市政、物业沟通，了解
是否允许施工改造。

选址时多站在用户视角，感受此位置是否便于顾客到达和出行。

坑 16：不辨优劣

有些位置具有迷惑性，投资人错把红土当朱砂，把泥丸当珍珠，未能判
断出其真实的地段价值。

如有的投资人看到酒店周边小区密集，人口众多，便以为客户基数大，
将来不愁客户，实则此地虽然小区多，却非酒店目标客户来源地，人再多也
只是繁荣假象，酒店是享受不到这些红利的。

同一个位置，在不同的人眼中，价值也往往不同。没有看透本质的慧眼，
很难做好掌门人，这不仅仅是在选址问题上。

避坑地图

要提高去伪存真的能力，一是利用结构化思维，将"位置"这个复杂问
题拆解成若干组成它的子问题，如文旅产业情况、资源配套情况、未来发展
情况，再将子问题分解成更细的孙问题，如将资源配套拆解成人口资源、产
业资源、商业资源、交通资源、会展资源等，形成树状逻辑结构图，整体考
量，综合评估，避免看到碎片就想拍板的冲动，从而提高洞见真相的能力。
二是进行刻意训练，每一次选址时都要设定具体的目标，并通过反馈查漏补
缺，以稳定提升甄别能力，不断走出舒适区。

坑 17：动迁风险

城市化进程中，许多区域面临规划变革，城市格局改写，这有可能给酒
店带来毁灭性打击。

如某投资人的酒店选在机场旁，80% 的客户是乘客。当年租赁物业时，
他也听到过机场要搬迁的传闻，但觉得那是八字没一撇的事，孰料酒店尚未
回本，机场却真的迁走了，客户也跟着机场一起远遁，酒店入住率被拦腰斩

断,周边酒店一片哀号。

有太多投资人,因忽略了城市发展规划,导致经营过程中,自己依存的主要客户来源地政策性迁移,例如,高校搬迁、机场搬迁、修建高架桥等,直接断了生路。

时代的一粒灰,落在个人头上就是一座山。

避坑地图

酒店租期动辄十年以上,选址时要站高看远,从城市宏观环境的高度上,审视地段是否具备长远价值。

商业咨询师经常使用 SWOT 模型来分析一个地块的优势、劣势、机会、威胁。优势和劣势并不限于当前,还需结合发展趋势,判断未来可能会出现的机会和威胁。前瞻性地考虑城市产业发展格局、城市产业运行情况、未来城市规划、政策研究,了解这个位置在 5 年后、10 年后,甚至是 15 年后,会变成什么样子,将发生哪些重大变化,这些变化对酒店是利是弊,是机遇还是威胁。

城市规划可以通过控制性详细规划图了解,结合片区建筑用地性质、使用强度和空间环境规划,了解区域定位、人口趋势、经济属性,判断区域未来成长潜力。

【踩坑小结】

每家酒店都有自己的"势力范围",地理位置意义上的选址,其实衡量的就是在酒店辐射圈内,各类城市要素(人口、配套、交通)的数量,以及要素间的连接关系。

本节列举的识坑攻略,适用于"初筛",它像中医的四诊(望闻问切)一样,可以快速排除掉那些明显不达标的位置,提高选择效率。

初筛达标的那些位置,尚需做进一步定量评估,像西医的实验室检查一样,对各类城市要素进行数据化信息采集和分析,以求得一个理论上的"最优选址"。

第二节　选竞争位置

"酒店开在这里，竞争情况怎么样？"

选址只考虑地理位置的话，面临一个硬伤——大家都一窝蜂挑那个资源丰富的位置，此地将面临异常激烈的竞争，好位置不一定好了！所以选址时还应考虑此处的竞争博弈情况，否则一头扎到红海竞争中，很可能被强敌打得满地找牙。

本节来扒扒选竞争位置时常踩的那些坑。

【老猫踩坑】

老猫这次踏破铁鞋，觅得一处真·好位置：

老城 CBD 中心，对面两家三甲医院，斜对面为 5A 级旅游景区，周边高端住宅林立、商场密集，可以说是兼具旅游资源、医疗资源、商务资源、社区资源……完全满足好位置的标准。

他欣然落子，投资了一家中端商务酒店。然而后续发展却超出了他的预料——酒店的入住率和房价双低，投资惨遭滑铁卢。

原因并不难找，如此稀缺级的优质地段，自然成了酒店投资人的兵家必争之地，待到这座商业综合体竣工交付时，几栋楼上已先后落下了十多家酒店，档次从经济型跨越到中高端，品牌涵盖单体店、本土连锁品牌、全国性知名品牌，竞争迅速白热化，各家酒店近身肉搏，血刃相拼，风水宝地很快沦为红海杀场。

在群雄混战中，酒店迎来了各自的命运：

有人四年早早回本，有人拖到六七年才回本，有人压根看不到回本希望，早早甩卖转让。而老猫苦撑 6 年，眼见着该二次翻修了，可看看周围越来越卷的竞争，算算越来越低的利润，实在没有继续坚持的勇气。

在无数辗转反侧的不眠之夜后，他艰难地选择了转让，咽下了选址失败的苦果。

【踩坑分析】

老猫这次踩坑，根源在于选址时忽略了对本地竞争博弈情况的考量。

他没有考虑过：如果将酒店选择开在此地，将来会面临什么样的竞争格局？竞品占据了哪些市场？还有哪些市场可供自己选择？自己凭什么拿下这部分市场？

迈克尔·波特先生讲过一个故事：在加拿大的一个小岛上，曾经生活着许多以狩猎为生的印第安部落。每次狩猎前，他们都会规划狩猎路线（就像我们选址一样）。然而，有一支部落很原始，每次用占卜决定狩猎路线。恰恰是它，活到了最后。并非有什么神仙保佑。只是因为，别的部落都是靠科学规划，分析猎物最有可能出现的地方，然后一窝蜂全都涌到了"正确"的地方（形成了红海竞争）。而靠巫术的部落，无意中走了"差异化"竞争战略。

回到酒店选址，如果只考虑资源丰富度，就会犯同样的错误——大家一哄而上，挤进富饶的丛林，可猎人太多，狍子不够用了，除了少数先下手的神箭手，大家都吃不饱肚子。

那怎么办？

既然抢狍子的人这么多，那就别跟着凑热闹了，放下弓箭，戴上手套去捕蛇吧，草丛里还是蓝海市场，遍地的蛇资源，足以养活自己。

如果捕蛇者也人满为患，那就换去鱼塘捞鱼，如果鱼塘也已被人捷足先登了，实在找不到别的蓝海，那就看看对方主要抓什么鱼，他抓水面上的鲫鱼，你就潜到水底摸泥鳅，大家各自找到自己的一块小地盘，然后苦练内功，死守住。

这其实就是生态位的概念。生态位本意是指生态系统中，每一个物种都拥有自己的角色和定位，占据特定的空间。

酒店竞争也是如此。每一个位置上，都包含着许多"生态位"。最先进入者各展所长，挑选食物丰裕的好生态位，并使出浑身解数捍守地盘，成为该生态位的"大王"——有的成为附近度假客群的不二之选，有的以高性价比赢得求医客户，有的以餐会一体的服务成为企业客户的首选。

当新的酒店加入战局时，摆在它眼前的路有两条：

其一，抢别人的生态位，把对方赶走，自己取而代之。这是虎口夺食的"正面硬刚"，需要后入者拥有绝对优势，否则就成了"自杀式攻击"。

其二，另寻尚未被占领的生态位，避开其他酒店的锋芒，进行错位竞争。这需要酒店发现此地尚未被满足的客户需求，据此塑造自己的差异化价值，以赢得细分客群，从而占据这个新的生态位。

如果这家新酒店，迟迟抢不到或找不到自己的生态位，那它的结局，就如同在敌军压境时落单的士兵一样。

所以，酒店选址时，如果对此地的竞争格局一无所知，对竞品已经占据了哪些生态位，自己是否还有机会，全无盘算的话，选址很可能变成了选"坑"。

【常踩之坑】

坑 18：误入红海

有些投资人选址时，疏于区域竞争格局判断，误入红海市场，腹背受敌。

如某个位置，因其丰富的交通、人口、配套资源，吸引了众多投资人，一时间酒店遍地开花。如今时移世易，区域已经严重供大于求，竞争白热化，被老投资人戏称"快捷酒店大卖场"。但有些新手不知深浅，一头扎了进来，又搞了一家经济型酒店。

避坑地图

不谋全局者，不足谋一域，要想提高酒店投资成功率，务必了解区域竞争格局。

如何了解？选址前，要先摸清区域内酒店的档次、品牌、产品特点、主力客群特征等，再做分类和比较。不妨将区域酒店市场想象为一盘棋：

纵坐标是产品特征，选择最有区隔性的酒店指标（如酒店档次、价格区间等），对酒店进行细分；横坐标是用户特征，同样选择最有区隔性的用户指标（如客户类型、入住目的等），对人群进行细分。

然后，将区域内的这些酒店，逐一填入对应的棋盘格，就得到一张直观的竞争地图。

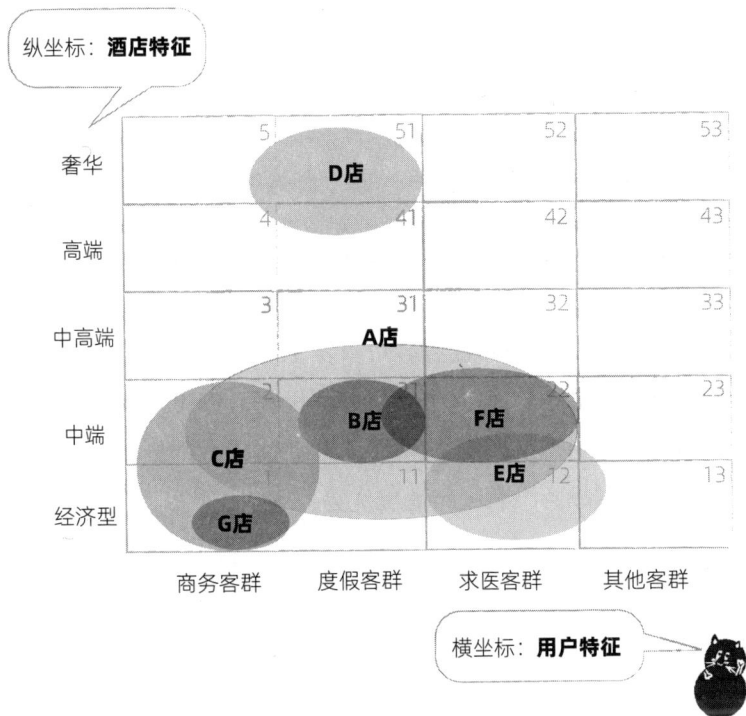

从图中可见，该区域刚需客群为主，经济型酒店扎堆，已呈红海之势，再结合这些酒店入住率不高的生存现状来看，刚需市场相对饱和，不宜再投资经济型酒店了。相对而言，中端市场似乎存在发展空间，那就再结合医院级别、写字楼档次数量，进一步了解中端客户容量，论证投资中端酒店的可行性。

心中有了这张竞争棋盘图，能有效避开同质化竞争，选择市场需要的特定位置。

另外，细分时，无须拘泥于图示分类标准，可根据区域酒店和用户特点，灵活选择分类方法。

坑 19：挑战老大

有些投资人觊觎肥美的市场，不自量力挑战该生态位上的"大王"，结果惨遭重创。

新手投资人往往高估自己："我家刚装修的酒店，还能打不过你这种老店？"

还真不一定！

每个区域现有的竞争格局，都是此前无数轮竞争的结果。本地那个生意最好的酒店，是身经百战的赢家，经过多年耕耘，早已牢牢占据生态位。想抢人家的地盘，除非具备绝对优势。可事实上，但凡能被划分到同一棋盘格的酒店，在档次、规模、品牌方面相似度都极高。你虽然装修新，可人家服务好，在消费者心中往往是半斤八两，不存在碾压式的区别。更何况，人家是防御战，你是攻城战，没有战略地位优势。

避坑地图

两家酒店的生态位重叠情况，不外乎四种情况：包含型、重合型、邻接型、分离型。

你和竞品的关系如何？

| 包含型 | 重合型 | 邻接型 | 分离型 |

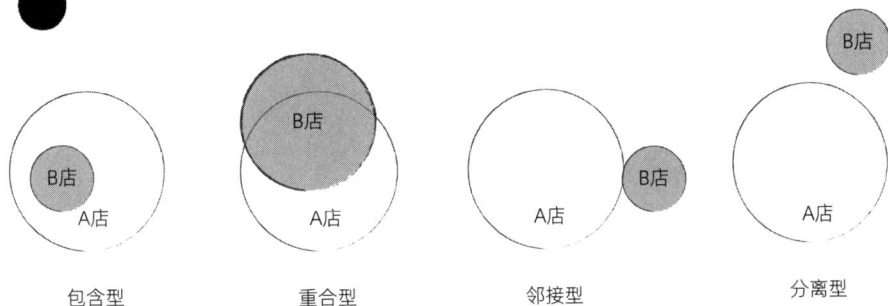

注：图片改编自胡大立、张驰《基于企业生态位的企业成长研究》。

包含型，竞品酒店占据的地盘很大，覆盖多种客群，我们只能在对方势力范围内，选取一小块位置，围绕某类细分客群精耕细作，以期能在局部寻找机会，战胜大圈。

重合型，两家酒店在客群选择、酒店定位、服务内容等方面，高度雷同，彼此的可替代性很强，双方是绝对的竞争对立关系。

邻接型，两家酒店地盘接壤，各自服务着属于自己的客群，现阶段相安无事。但如果其中一家想要开疆拓土，拓大自己的生态位范围，双方的客群就会出现重合，摩擦开启，未来也许会演变成重合型、内包型。

分离型，双方各有自己的细分客群，在产品、功能、服务上差异性很大，虽然地处同一纬度，实际上根本不是同一个世界的人，不存在竞争关系。

综上所述，生存难度最大的是重合型，后入者面临的不仅仅是产品硬件的比拼，还要改写客户认知习惯，而后者是一个极其艰难的过程。

坑 20：无中生有

有的投资人选择的竞争位置太窄，缺乏足够的客户支撑，不足以支撑酒店的正常运营。

如某投资人觉得片区内全是低端酒店，中高端断档，于是便投资了一家精选酒店，自认为另辟蹊径，可以抢占蓝海市场。然而，该区域缺少中高端客户来源，客户数量支撑不起酒店的规模和档次，无米之炊难做，无奈只能降价销售，和中低端酒店竞争客户。

避坑地图

投资人选择竞争位置时，要判断该位置的获利性。

有的竞争位置肥得流油；有的位置瘦田贫瘠。不同的竞争位置，获利性差距很大。

如何了解获利性？

首先，盘点区域酒店竞争格局，画出"棋盘图"，寻找有哪些潜在的蓝海市场。

其次，基于自己的投资目标，初步择定 1~2 处竞争位置（如想做中端酒店，就在这个档次区间选择客群）。

最后，评估该竞争位置的吸引力、细分市场的获利性。主要方法是结合地理资源，如所处商圈的性质和级别、城市配套资源档次和类型、客户来源地性质、交通情况等做分析，进一步判断，该位置是否是"伪市场"？市场容量有多大？以自己现有的资源和条件，能否撬动该竞争位置？获得相关答案后，再决定是否落子。

【踩坑小结】

理论上的"最佳位置"，严格来说，只是那一瞬间的最佳，因为竞争环境是处于动态变化中的，当新的酒店进入时，竞争格局也会随之而变。新酒店的机会就在于那些尚未被占领的竞争位置，在于那些还未被满足的细分需求中。

我国地大物博，一线城市早早迈入成熟期，三、四线城市还方兴未艾，不同地区的酒店市场发展差距很大，这进一步要求我们在选址时要双管齐下，既要眼观地理位置的资源丰富性，又要心怀竞争位置市场格局，方为真正的选址。

第三节 选址攻略

"高手都是怎么选位置的？"

本节分享一个真实案例，感受一下资深投资人的选址过程。

投资人狐君先生的这家酒店，当年选址时差点胎死腹中——品牌方直言放弃，股东们也犹豫不决，甚至有人为此退出。

然而，四年后，当初那个不被看好的酒店，多年蝉联该品牌的全市销冠，并在大疫三年的背景下，创下了四年回本的神奇战绩！

丑小鸭是如何逆袭成白天鹅的？

【项目位置】

城市：山东某二线城市 J 城

区域关键词：高端住宅区

城素有"东富南贵"之说，狐君的酒店就坐落在这南贵之地。此地依山而筑，地势高耸，风景、风水都极佳，本城最早一批高端住宅就建于此。

可惜这种"贵"气，落到酒店这里，就成了"稀贵"：

酒店向南，是山；

向东，是山和隧道；

向西，是稀稀拉拉的住宅。

方圆 0.5 千米，仅有 2.7 万人，14 个小区，1 座写字楼。

只有向北有些人气——向北 1 千米，可达该城主干道之一的金银大道，与主城接壤。即使将半径扩大至 1 千米，附近也只有 5.8 万人，31 个小区，3

座写字楼。

第一眼看过去，这里并非一块做酒店的好料子。

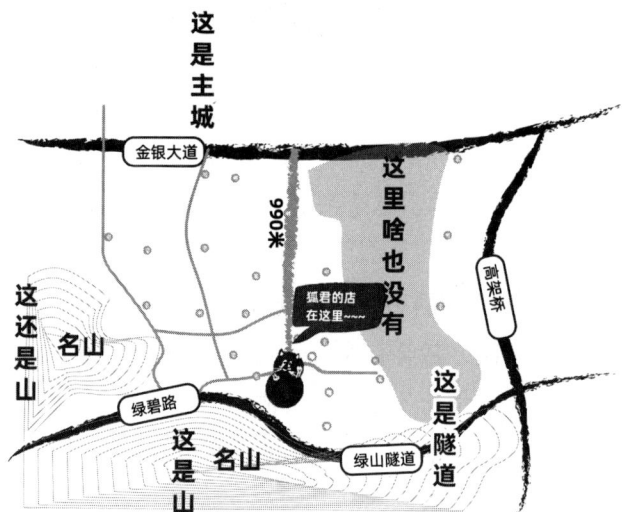

【选址复盘】

第一步：调研

狐君是个理性投资者，他没有急于下决定，而是先着手调研，收集情报。

（1）盘点地理位置资源

还记得第一节中提到的"存量""流量""流入"的评判标准吗？

从现场来看，此处"存量"的确不算多，因为三面环山，所以附近的常住人口基数较少，周边 1 平方千米的城市多样性指数也不高，没有商场，没有写字楼，只有山和不多的住宅。

正因为这一点，很多人第一眼被这稀少的人气劝退。

但它胜在"流量"充沛，周边交通非常发达，门前的环翠路宽敞通达，连隧道、接高架、直上高速……畅达的路网，大大缩短了物理距离，扩大了酒店的辐射半径，让较远的写字楼群也有望成为客源地。加之 4A 级佛教名山及公园的吸引力，前来旅行、办事、走亲访友的客户众多，有效弥补了存量的不足。

还有一个优势是顾客"流入"便利，酒店物业是一座大院中的独栋小楼，紧邻主路，周边没有遮挡，还拥有极其充裕的停车场。

结论：此地地理资源尚可，可以作为一个备选。

（2）摸排竞争位置情况

还记得第二节中提到的"竞争棋盘图"吗?

因为周边人少，酒店也少，竞品主要集中在 1 千米开外的金银大道北侧。那里写字楼较多，所以酒店也都聚焦于商务客群，我们在棋盘上画出每个竞品对应的位置后，周边竞争情况就一目了然：经济型酒店扎堆，中端酒店不多，这也和区域毗邻老城，紧靠主干道的地理位置属性一致。

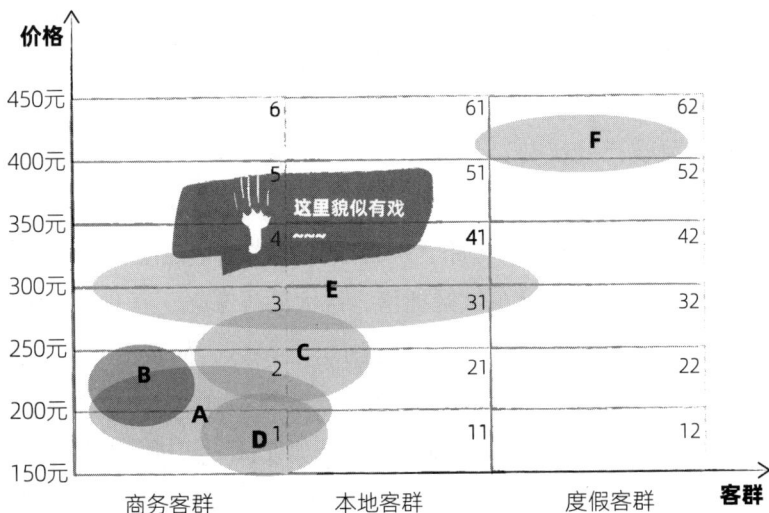

显然，经济型酒店是红海大卖场，不适合进入；但中端酒店尚有空间，目前只有 E 一家。相较而言，E 的核心优势是"便捷"，酒店离写字楼群更近，步行可达，交通较为便利。

结论：4、41 区可以作为意向竞争位置，但需要进一步分析和 E 的优劣势对比。

第二步：择位

相比捷足先登的 E 店，狐君的酒店在地理位置上是完全不具优势的，那些写字楼群吸引来的商务客户需要横穿马路，跨越 1 千米的距离才能到自己的店，而竞品抬脚就到。自己凭什么吸引他们舍近求远？

狐君便着手研究区域商务客户画像，他发现，来此地公干的客户，多为省内短途客户，自驾出行的很多，对出行、停车的便利性要求较高，而 E 酒店无法满足这个需求，它们虽然离主干道更近，与城心更近，但这个优势中同时也包含着劣势，交通拥堵、停车困难、区域环境嘈杂（OTA 上的评论，很多指向停车和堵车问题）。

客户未被满足的需求中，蕴藏着自己的机会。

狐君通过访谈，进一步验证了自己的推测，同时还了解到这些客户更多的住宿习惯和需求，如喜欢安静的环境，哪怕为此多走一段路；希望附近有喝茶聊事的私密空间，以方便办事等。

这些恰恰是自己的优势，自己有畅达的交通，宽绰的停车场，群山环绕的小环境，非常宜居，它能给省内自驾客户创造的体验就是：驾车下高速后，直入外环高架，下桥后就是环翠路，疾驰 20 分钟，远远便能看到酒店的小楼，长驱直入酒店……完美绕开主城区拥堵，巨大的停车场，任你横着停、竖着停。想进城办事，驱车向北 1 千米，就直杀入主城区，简直不能更方便！

相比而言，E 酒店紧邻的金银大道虽为 J 城四大动脉之一，规格比门前的环翠路高，但一遇高峰就堵成"大静脉"，看似便捷，实则出行效率很低。

如此一番对比，狐君有了底气，果断将棋子落在中端商务人群这个竞争位置。

第三步：占位

想成功占据竞争位置，就得打造出自己的绝活。

目标客群的痛点之一是停车难，狐君便着手打造停车场，酒店物业的先天优势，就是有一个大院，稍加平整，就是天然停车场。他又规划出充电桩区域，租赁给一家公司，既解决了电动汽车的充电问题，每月还有收益。他甚至还接洽了一个智慧停车项目，商议由对方出资，对停车场进行数字化规划，如果事情谈成，有望再增加一笔收入。

这一番动作，投资很少，效果明显：停车场内一水的"鲁"字车牌，证明他已经成功锁定了省内自驾客户，初步在竞争位置上站住脚。

目标客群的另一个痛点是：社交不便。

经营中，狐君发现，许多顾客打听附近哪有喝茶、喝酒的地方。在山东，很多事情是在酒桌上聊成的，大家普遍有"喝茶谈事""喝酒谈事"的习惯，这就需要一个地儿，满足这种商务沟通的需求，这个地方，要清静、要体面，方便才是王道。

狐君捕捉到这个需求，着手塑造酒店的第二个"绝活"：商务餐饮配套。

他没有自己下场经营，而是用"转租招商"的方式，引进了一家品牌餐饮店。相比自己来干，这种模式更轻、更快、更安全，既能享受流量收益，又能避免投资风险。

在选择餐饮品类和品牌上，他煞费苦心：

太高端的，不要！中端商务酒店客群的消费能力跟不上！

太低端的，不要！会拉低酒店档次！

火锅烧烤类的，不要！不匹配商务宴请的消费场景！

对比了多家餐饮，他最终敲定了一家海鲜酒楼，人均消费 200 元。之所以选它，是因为双方档次相同，客群相同，同时，海鲜品类在区域内有足够的差异化。

由此，狐君为自己的顾客量身定制了一套组合场景：

休息在后院客房，应酬在前院包房。推杯换盏五分醉意后，主宾尽欢无须麻烦代驾，楼上订个房间倒头休息；次日起床后楼下共进早餐，将昨天聊的正事简要重述，事情就妥妥办好了。如此便利，如此高效，焉能不赢得客户芳心？

于是，每晚八九点，他还会迎来一波入住小高峰——这正是用完餐后，懒得动车挪窝，就地休息的餐饮客户。

凭借餐饮配套价值，酒店成功地巩固了商务客群的生态位，同时进一步拓宽了范围，将本地客户也纳入囊中，大大提高了周末和节假日的入住率，酒店的收入更稳了。

【选址小结】

一个真正的"好位置"，应包含两个纬度的价值：

一是地理层面的价值，指现实世界中，该坐标位置上附着的城市要素资源；

二是竞争层面的价值，是指此地之上，那些虽然看不见，却真实存在的竞争战场上的博弈关系。

前者是在"地图"上选址，后者是在目标客户的"心智"中选址，两个"选址"互为因果，合二为一，共同定义这个位置的价值。

8

第三章
选物业关

亲爱的投资人：

此刻的你，已经相中了一处宝地，现在的任务是挑选一处适合开酒店的物业。

物业是酒店的载体，决定了酒店的形象、档次、功能，当物业一锤定音时，投资成败便已见分晓。物业是否适合做酒店，主要看四点。

☐ 合规性，看物业核心证照是否齐全、有效；

☐ 安全性，看物业建筑质量是否安全、可靠；

☐ 适用性，看物业硬件和酒店定位的匹配程度；

☐ 经济性，看物业使用成本、改造成本是否符合酒店投资预期。

让我们跟随老猫，来看看选物业关会遇到哪些问题吧！

THREE

选物业关

开业

选址攻略
选竞争位置
选地理位置

选位置关
选合伙人
流程管理
酒店入行

入行关

入行

签合同
谈房租
选物业攻略
选物业

选物业关

搞定物业！

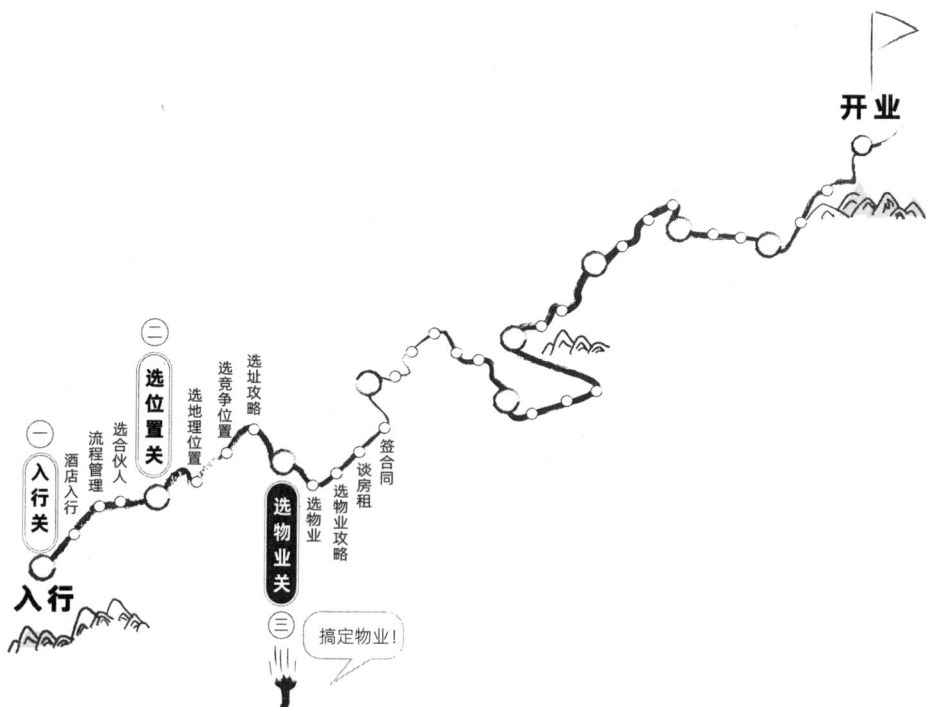

本关目标：**选择物业**

本关任务：评估物业价值和风险、评估租金、签订租赁合同

本关用时：看缘分

本关导航：

【选物业】【选物业攻略】【谈房租】【签合同】

第一节 选物业

"这栋楼适合做酒店吗？"

物业档次和形象，直接决定了酒店能做成什么样子。物业一旦选错了，后天事倍功半，若不幸摊上那种先天有"重病"的物业，投资人将被拖下深渊。

本节来扒扒选物业常踩的那些坑。

【老猫踩坑】

老猫的九条命，第三条命殒物业关。

他选中的这栋物业建于 20 世纪 80 年代，彼时《中华人民共和国消防法》还没实行，所以当初建造时并未考虑消防问题。老猫遍询朋友："这种楼可以做酒店吗？"

有朋友回答："可以，但需要重新做消防。"

老猫问："那估计得花多少钱？"

朋友说："这不好说，像这种老楼，至少得三四十万元吧！"

老猫一盘算，三四十万元，均摊到 12 年租期，不多！便签下了物业。可消防设计单位去现场勘测后，张嘴报价 120 万元！原来，这栋楼实在太老了，原始设计和消防基础太差，按现行消防政策改造，不仅费用高，改造难度也很大，必须增加消防楼梯。可此地位处老城区，邻商接踵摩肩，建筑物之间犬牙交错，物业四周根本找不到可能安放消防楼梯的空间，必须占用邻居地盘。老猫前后奔走，出了一大笔补偿款，才换来一位邻居出借空间。

消防问题好不容易解决了，又冒出了新问题，施工队拆除外部装饰层后，惊恐地发现内部多处承重结构受损！这就是一栋危楼呀！

老猫找到房东，房东两手一摊，未置可否，催房东给个说法，房东就甩包："焉知不是你们施工造成的？"加固公司来勘测现场后，表示："若按现在的建筑安全标准加固，至少得投入 100 万元！"

继续投吧，项目已经没多少利润；不投吧，前面已经投入了 400 多万元。此时的老猫，犹如老母猪入夹道——进退两难！

【踩坑分析】

老猫这次踩坑，根源在于他没有做好物业勘测和评估，直接拍脑子签了物业合同。

作为一位新手掌门，他对酒店物业标准和规范一无所知，所以看房时，只停留在对外立面、租金这些浅层信息的关注上，忽略了那些真正需要关注的信息，如物业合规性、安全性、适用性等，租房一时爽，事后火葬场。

酒店物业不同于其他物业，除应符合《民用建筑设计通则》以及国家现行的有关标准、规范以外，还应符合《旅馆建筑设计规范》，同时，也应考虑品牌的具体标准和要求，综合考虑，多方权衡，才能选到适合的物业。

目前，中低端酒店的可选物业大多是租赁市场中的现房，包括公寓楼、办公楼、厂房、自建房等，可谓五花八门，其中难免良莠不齐。

不同于高星级酒店的量身定制，这些存量现房有一个共同硬伤：物业的原始设计和规范，并不是按照酒店业态来建造的，初始功能是公寓、商铺、写字楼，甚至厂房等，这就导致物业和酒店的匹配度非常低，常出现驴唇不对马嘴的情况。有些严重者，从建筑形态到物业结构，从机电设计到设施配套，都和酒店业态格格不入，想把这种基础很差的物业，改造到能满足酒店的功能使用，需要付出超乎想象的改造成本。

而且，改造不但存在投入问题，还存在准入问题。投入问题可以用钱解决，而准入问题用钱不一定能解决，比如，不幸摊上一栋合规性有问题的物业，酒店很可能连验收都通过不了，直接无法开业，千万元投资打了水漂！

所以，掌门人一定要足够重视，严格把关，担起选对物业、控制风险的重任。

【常踩之坑】

新手投资人看物业时，常常盯着"好不好看""高不高档"这些表面信息，忽略了水面下的部分，导致触到这些暗礁。

坑21：不合规

指物业存在违法违规的情况，酒店合规性堪忧，常见于以下情形：

（1）缺少权属证书

缺少"不动产权属证书"的商业物业，大多是违章建筑，如：

☐ 未申请或申请未获得批准，未取得"建设用地规划许可证"和"建设工程规划许可证"而建成的建筑物；

☐ 擅自改变"建设工程规划许可证"的规定建成的建筑物；

☐ 擅自改变了使用性质建成的建筑物；

☐ 临时建筑建设后超过有效期未拆除的建筑物；

☐ 通过伪造相关材料向主管部门骗取相关许可证而建成的建筑物。

这种违建物业说拆就拆，坚决不要触碰。

还有一小部分无证物业是合法的，因历史遗留问题而缺少证明，此类物业虽然合法，但后续办证隐患多，很容易被卡脖子。

（2）使用性质不合

通常，住宅、工业、教育等性质的物业，是无法开办酒店的（个别地区有区域性的规定，民房住宅可以用作民宿或酒店）。有些房东声称自己有关系，满口承诺将来能帮助办理营业执照和消防验收，不要轻信这种许诺，将自己置于悬崖之边。

（3）未通过"一消"验收

商业建筑一般需履行两次消防申报手续："一消"是在建设时进行的消防设计审核和消防验收，用以保证建筑物的消防安全，主要考虑防火分区设置、消防设备安装等，一般由开发商负责；"二消"是使用时进行的消防安全保护，主要是指内部装修审验，一般由使用者（租户）负责。

许多未通过"一消"的商业物业，是因为开发手续、硬件条件、建造设计或周边环境等不达标，无法通过消防验收。租赁这种物业，风险极大，因为当时验收不通过的原因，很多是无法整改的，投资人也会跟着陪葬。

还有一部分未通过"一消"的物业，是建造年代久远的老楼（《中华人民共和国消防法》颁布之前），租赁这种物业改造为酒店，须按现行消防要求进行改造，届时"一消""二消"一起申验。但改造需要成本，验收存在风险，老猫的经历就是血淋淋的例证。

避坑地图

合法合规是选择物业的红线，投资人要像潜水员检查氧气面罩一样检查物业的核心证照。

（1）确认物业产权清晰完整

优先选择持有"不动产权属证书"的物业，查看证件上的面积与实际租赁面积是否一致，是否存在违章加盖加建部分，是否存在抵押情况，抵押物业要慎选。

如无"不动产权属证书"，最好能提供"土地使用权证""建设工程规划许可证""主体消防验收意见书""建设工程竣工验收备案登记证"等。

有些投资人可能会有疑问：某家酒店是小产权房，人家没证不也开业了吗？不同地区的政策存在差异，同一地区在不同时期的政策也有变化，不能盲目参考。

核心证照齐全的物业，风险可控，办证效率高。反之则充满了不确定性，如某市原本规定 1998 年前的老楼，如无"不动产权属证书"的，可凭借能证明房屋产权归属的资料、租赁证明、原始设计图纸等，在线下办理"施工许可证"，但这种暂行规定随时可能喊停。同时因相关条例不明确，办理手续时需辗转多个部门，流程繁复，通关难度大，风险极高，新手很难驾驭这种高难度操作。

（2）确认使用性质符合酒店经营要求

通常只有商业或商业配套用途的物业才能开酒店。非商业用途用于酒店需满足以下情形：有政府有关部门的批文或会议纪要，明确该物业或物业所在土地可用作商业用途；当地政府有明确发文指出"满足何种条件或某个具体区位的非商业性质土地可用作商业用途"。投资人在决策前务必检查相关证明文件，并向当地有关部门确认证明文件的有效性。

（3）确认消防证件完整有效

消防证其实是一个俗称，它的全名因年代不同而异：

2011年之前申办取得的，是"消防安全检查意见书"或"装修工程消防验收意见书"；

2011—2021年（上半年）申办取得的，是"公众聚集场所营业，使用前消防安全检查合格证"；

2021年下半年之后申办取得的，是"公众聚集场所营业，使用前消防安全检查意见书"（各地情况不同，详情咨询当地相关主管部门）。

如果物业缺失消防证件，需了解真实原因，不能只听房东一面之词，有必要邀请深谙本地消防政策的专家来现场评估风险等级。

如果是接盘酒店，需注意检查消防证件与营业执照的经营主体信息（单位名称、地址及法定代表人信息）是否一致，证件上的地址是否与酒店物业一致，如有变更项，需相关部门（辖区派出所、街道办、居委会等）出具证明。重点检查消防证件上标注的楼层和面积，是否与实际一致，是否有部分客房不在消防证件注明的楼层、面积范围内。

许多投资人并非不懂证照之重要性，但往往轻信房东承诺、轻信办证公司忽悠，走上"无证驾驶"的险路。君子不立于危墙之下，不要太迷信所谓的关系，未来的营商环境会越来越规范，没人会拼上自身仕途为你"行方便"。

坑22：不安全

指物业存在建筑质量问题，可能危及人身财产安全，甚至有造成重大安全事故的可能。常见于以下情形：

（1）结构设计缺陷。2022 年倒塌的长沙自建楼事故，就存在结构设计问题，其底部为混凝土框架结构，上部砖砌小空间布局，未能处理好结构设计，底盘不稳，头重脚轻，楼的稳固度不够，埋下了坍塌的隐患。

（2）后天违法加盖。长沙自建楼倒塌的另一个原因就是违法加建加盖，一、二层租户为满足台球厅、餐厅的大空间使用需求，拆墙砸梁，甚至拆除部分竖向承重构件，伤及了结构主体，导致下部结构层非常薄弱，违章加建的楼层又成倍加大使用荷载，最终酿成悲剧。

（3）施工存在问题。有些物业建造时偷工减料，以次充好，质量堪忧；还有些物业改造时野蛮施工，破坏了承重结构，埋下了隐患；还有一些老旧物业，当年的设计规范不严格，建造工艺也相对落后，病躯加上几十年岁月侵蚀，早已不堪一击。

（4）地基基础隐患。有些物业楼体本身尚可，但周边存在边坡、沟壑、河流等不利地势，时间久了可能会出现地基不稳、滑动迹象，甚至发生地基变形及不均匀沉降，引起主体结构变形、裂缝及倾斜，造成安全隐患。

避坑地图

（1）邀请结构专家把脉

对于砖混结构、年代久远的老楼、出租史丰富频繁改造的物业，有必要邀请结构设计师或专业加固单位来现场勘察，"解剖"验货——去除外部装饰覆盖物，检查建筑内部结构、机电系统，一探内里究竟。

（2）盯紧图纸变更部分

图纸变更部分往往藏着猫腻，是物业问题集中处和风险高发地。

要求房东出具物业的原土建图纸、机电图纸等，对照图纸，快速掌握物业基本盘，包括结构设计、区域功能，标准层平面布局，电梯、楼梯、设备间位置，暖通、给排水等机电管线布置。

对照现场实际和原土建图纸不一致的地方，了解其原因：是建设过程中因工期、预算等中途变更设计吗，还是因为施工单位失误或偷工减料造成的，抑或是因为后期加盖加建导致？通过分析原因发现隐患，对症处理，做好风险管理。

（3）察看物业体检报告

必要时可要求房东提供《建筑可靠性（安全性）报告》，对物业进行全面体检。

鉴定报告不能只看结论，要核查报告出具单位的资质、报告出具时间、检测方法和检测区域，尤其要注意是否包含了全楼，提防有些鸡贼房东和无良检测机构，狼狈为奸刻意"漏掉"违规部分，只抽检合格部分。长沙倒塌房的检测报告就只检测了4~6层，其检测单位也不具备房屋安全鉴定资质。

（4）确认抗震设防标准

确认所选物业符合当地的抗震设防标准[①]，避免因安全性不达标影响办证开业。

酒店属于人流密集的商业建筑，抗震要求高。若与其他建筑合建时，还要分别判断，按区段确定其抗震设防类别。不同地区，因地理地质不同，抗震标准[②]也不同，如不达标则需先行加固，大幅增加投资额，投资人应了解本地政策，有备无患。

（5）评估周边地势地貌

评估酒店地基和周边地势地貌，了解下雨时，是否存在严重积水问题，尤其是那些雨季绵长、空气湿度大的城市。如发现地势低洼，附近有排水沟，或地基曾是水塘回填，务必谨慎。详细查看一楼墙面是否有霉斑、剥脱；地板是否有鼓胀，房间是否有霉味等。这类问题会严重影响酒店的功能价值，影响用户体验，拉低酒店品质和口碑。

---

① 所谓抗震设防标准，是衡量抗震设防要求高低的尺度，由抗震设防烈度或设计地震动参数及建筑抗震设防类别确定。不同的建筑，因功能、规模、人员密集程度不同，抗震设防标准也不同。

② 设防烈度：是地震烈度的对立面，就是建筑物需要抵抗地震波对建筑物的破坏程度。地震烈度大，设防烈度就大；地震烈度小，设防烈度就小。

坑 23：不适用

指把不适合做酒店的物业，强行改造为酒店，如方枘圆凿，不仅增大了改造费用和风险，还会不同程度限制酒店功能布局和产品设计，影响顾客体验。

（1）建筑形态不适用

有些物业造型奇特，美则美矣，却不适合改造成酒店。

如一些异形楼，因其造型部分运用了大量曲面、弧形，建筑结构也运用了许多异形设计，改造为酒店时难以布局，出房率低、暗房多、面积浪费大、坪效低。并增加了装修成本（如异形石材的材料费和加工费等），增加监控成本（增加监控点位）等。

圆形造型的楼　　　　　　　　平面布局呈扇形

再如一些超高层建筑，这种摩天大楼的面积被核心筒、后勤辅助空间"偷"走，空间效率远低于高层或低层。而且，超高层往往同时伴随着异形造型、单边客房、玻璃幕墙等，集合了浪费收益空间的各种"杀手元素"，不适于中低端酒店。

（2）原始标准层不适用

标准层是建筑的主体，若所选物业的原始标准层设计与酒店标准不契合，酒店只能削足适履迁就物业条件，会伤及功能合理性，降低经济性，损害投资效率和效益。

标准层不适用体现在三点：一是平面形式，不规整的平面形式，如三角塔形、圆塔形等，适用性较差；二是平面规模，即标准层面积大小，不同定位和功能布局的酒店，理想的标准层面积也不同；三是平面利用率，标准层面积 = 有效使用面积（用于办公、生活的面积）+ 核心体面积（交通设施、设备占用面积及辅助服务面积），相同的标准面积中，有效使用面积越小，标准层利用率越低，经济性越差。

（3）剖面设计不适用

剖面主要看层高，若层高过低，会感觉压抑憋屈，降低酒店档次，影响酒店功能设计；若层高太高，会增加工程造价，增加运营能耗。

如某酒店每次开空调时，天花板就会发出嗡嗡的噪声，原因就出在物业层高太低，施工时只能一再压缩天花板厚度，导致内部风机、线管挤在一起，多处相接产生共振噪声，这种情况维修都很棘手。

（4）设施配套不适用

有些物业原本的规划业态为办公、公寓等，原有设计和设施配套不匹配酒店使用需求。

如原本消防设施是按写字楼标准设计，投资人要想改造成酒店，受到很多硬件条件制约，整改难度很大；再如有些公寓楼的大堂，无论层高、面积，都无法满足酒店标准，投资人只能另租了两间商铺，打通后用作大堂，但商铺租金高昂，房租严重超预算；再如有些物业的行车路线和停车位，也无法满足酒店使用要求；等等。

避坑地图

（1）避开中看不中用的物业

综合考虑物业的面子和里子，兼顾好看和实用。

优选直线多、直角多的建筑，长方形建筑最实用，别看外表其貌不扬，但这种外形四四方方，内部横平竖直的物业，梁、柱、板、核心筒都是规规矩矩，酒店设计时受到的限制少，无论动线规划、阵列配比，都可以按效率最高的方式设计。

（2）避免公摊过大的物业

从平面形式来说，板型平面很适合改造成酒店，因其结构简单、造价经济，而且进深较浅，采光通风好，适用于分割成客房，有可能争取到明房、明梯、明卫，天然光利用率高，节省能源，效益高。但也要避开过于狭长的板型，因为会增加交通面积，拉低平面利用率。

从平面规模来说，要控制好单层面积。在一定范围内，标准面积越大，越能获得更大比例的有效使用空间。但如果过大，将使进深也随之扩大，产生暗房，增加交通面积和消防电梯数量，反过来又降低了有效面积使用率。

标准层设计适用性的评估，专业性极强，涉及建筑结构、相关法规（防火要求）、标准层平面利用率要求，新手投资人应找专业顾问进行评估。

（3）避免层高不够的物业

不同档次的酒店对层高有明确要求，经济型酒店不能低于 3 米，三星级 3.2 米，四星级 3.4 米（具体标准请咨询品牌方）。

层高要考虑吊顶后的净高，酒店的吊顶内包含结构楼板、结构主梁下皮标高、设备管线高度（空调主干管含保温层、自动喷淋系统、电缆桥架）、吊顶构架高度、安装高度、施工误差等，这些加起来着实需要一定厚度，"吃"掉了一大块层高。还有些物业需要加固，加固也会"吃掉"一部分层高，要确保加固后的层高能满足使用要求。

（4）评估设施配套兼容性

选择物业时，要重点关注消防、强弱电、大堂、停车位等配套和酒店的兼容性。

要了解物业的大堂是否满足品牌标准，消防是否方便整改，给排水配套、电容量等能否符合使用要求，停车能否满足酒店的需求，停车场是否有回车路线等。

坑 24：不经济

物业的安全情况、完好程度、设施配套的丰富程度、内部机电系统的耗损程度等，都影响物业的价值，如果这些基础条件不好，改造预算可能会严重超标，致使前期投入剧增，投资回报率严重下滑。

如安全性差的物业，需要先做加固；外立面残破的物业，需要重做防水和保温；窗户不达标的物业，需要更换外窗等，许多新手投资人只看到了"装修费用"，忽略掉了这些隐形费用，严重低估了酒店投入。

避坑地图

详细列出所有改造项目，逐项勘验每一项的工程量和造价，尽可能全面地估算改造费用，预估改造工程投入，作为项目评估的重要数据。

常见的改造类工程有：

（1）安全类改造项目。即房屋加固补强施工，以提高结构安全性和耐久性，延长房屋安全使用寿命，满足房屋的新使用功能安全使用要求。加固的应用场景包括：改造和加层的建筑物，因结构超载而需要补强；现有房屋不能满足新设防的抗震要求；因工程质量低劣所造成的危房等。加固前需先进行安全可靠性鉴定，以确定结构老化损害部位和形式，其对结构可靠性的影响程度，为结构补强加固提供依据，所以还涉及检测鉴定费用的支出。

（2）适用性改造项目。即为了满足酒店的使用功能而做的改造，最常见的是机电系统改造，如给排水改造、暖通改造、强弱电改造、冷热水改造、防水改造等，这部分费用随物业基础条件而变，费用弹性极大，极端者可能花了四星级酒店的投资，只做出了一家快捷酒店。

（3）美观性改造项目。即为了提高物业美观度而做的施工，如楼体亮化工程、小院绿化工程等。

大家可以对照表 3-1 梳理改造项目，避免遗漏项，精确估算每项预算。

表 3-1 常见物业改造项目

项目	预估价（元）	施工单位报价（元）	备注
建筑安全性检测鉴定			
拆除			
垃圾清运			

续表

项目	预估价（元）	施工单位报价（元）	备注
加固			
窗户改造			
电梯设备、安装			
给排水改造			
强弱电改造			
冷热水系统改造			
暖气改造			
增容（水、电等）			
燃气开口			
停车场改造			
设备间改造			
外立面改造			
楼顶保温防水改造			
楼体亮化工程			
风雨连廊安装			
其他			
总计			

【踩坑小结】

选物业要从自身需求出发，在力所能及的范围内，兼顾"收益"和"风险"，尽可能选到一个适合的物业。

判断物业是不是适合有两个前提：一是基于酒店定位考虑，只有清楚自己的酒店将来要做成什么样子，才能按图索骥找到匹配的物业，如果不知道脚有多大，那么任何鞋都不会合脚；二是要有大量信息作为决策支持，方能去芜存菁，辨别出哪个物业是印钞机，哪个是碎钞机，千万不要仅凭直觉做判断，把选物业变成了押宝，轻易地输光了所有的运气。

第二节　选物业攻略

"高手都是怎么选物业的？"

很多投资人看物业，止于看看外立面、大堂，转转餐厅、包房，拿着手机咔咔一拍就完事了。如此蜻蜓点水，遗漏了太多重点，很难探察到物业真相。

本节盘点资深投资人选物业时的关注点，分享一套实用物业评估表。

资深投资人狐君，有一双火眼金睛，只要他去现场冷眼一瞧，物业的猫腻通通现形。并非他有什么过人之处，只是因为他抓住了要害，所以能快速看穿真相。

我们不用羡慕别人，只要方法对了，一样可以拥有这种洞察力和判断力。

现在，跟随狐君的步伐，来学习看物业的正确姿势吧！

【看房目标】

对物业进行初筛，检查物业核心要素（证照手续、使用性质、物业结构等）是否符合酒店需求，排除问题房源。

【看房内容】

一看合规性

检查物业的核心证照全不全，使用性质合不合，若合规性存在重大问题，直接毙掉，连去现场都省了，省时、高效（表 3-2）。

表 3-2　物业合规性检查

维度	类别	内容	备注
合规性	土地使用性质 / 用地性质	□居住用地　□工业用地　□教育文化用地 □商业用地　□综合用地	看"国有土地使用权证" "设计用地规划许可证"
	产权性质	□独立产权房　□小产权房（乡产权房）	看"不动产权属证书" 看"五证"是否齐全
	产权归属	□独立所有权人　□有共有权人	看"不动产权属证书"
	消防证件	□消防证件齐全　□有"一消"　□无证	看消防证件
	负面信息	□有纠纷　□有抵押　□查封冻结状态	看"不动产权属证书" 房产管理局网站、线下查询
	物业取得方式	□自有　□租赁　□转租　□承包经营 □其他	

二看安全性

安全性是指建筑的强度。取决于建筑结构形式、荷载能力、抗震设防类型、设防标准等要素，它们共同决定了物业的受力支撑基础，决定了酒店的使用性能、寿命，以及平面拆改方案的可行性等。

先检查原土建图纸，重点了解建筑物设计使用年限，结构类型、梁柱板等的布局、各功能区荷载要求等，以及是否符合当地的酒店抗震设防标准。接着进行现场查勘建筑结构完好度、是否需要结构加固和补强等（表 3-3）。

表 3-3　物业安全性检查

维度	类别	内容	备注
安全性	设计使用年限	□A 类（30 年）　□B 类（40 年） □C 类（50 年）	建造时间
	建筑形态	□平房　□多层　□小高层　□高层 □超高层	建筑物总高、楼层数
	加建加盖情况	□无加建加盖　□有	加盖情况

续表

维度	类别	内容	备注
安全性	结构设计	□砖混结构　□框架结构　□框剪结构 □核心筒结构　□钢结构　□混合结构 □其他	设计单位是否靠谱
	结构完好度	□结构完整完好 □存在沉降缝、裂纹等需进一步评估 □结构存在安全隐患，必须进行加固	现场物粒勘测 查看鉴定报告
	抗震设防类型	□特殊设防类　□重点设防类 □标准设防类　□适度设防类	若与其他建筑合建时，应按区段确定抗震设防类别
	物业所在地抗震设防烈度	□ 6.0 度以下　□ 6.0~6.9 度 □ 7.0~7.9 度　□≥ 8.0 度	了解当地政策

三看功能性

功能性是指物业能否满足酒店的使用功能，它是酒店功能价值的基础，功能基础差的物业，后续需要投入大量金钱和时间进行整改，有些甚至砸钱也无力回天。

功能性主要取决于机电系统，即物业的给排水、电气、暖通系统情况，投资人可以通过原土建图纸、机电设计图纸等来了解基础信息，更深入具体的信息需由机电专业人员现场勘测。有些严谨的投资人在拿物业前会先做《消防改造、机电改造的可行性分析报告》，由专业人员详细列明改造实施存在哪些问题，整改难度、拟采取的技术措施，措施可行性分析、方案预算等（表3-4）。

这一步对老物业来说尤为重要，它关乎改造工程造价，直接决定了酒店的投资价值。

表 3-4　物业功能性检查

维度	类别	内容	备注
功能性	热水系统方式	□燃气锅炉　□空气源热泵—电辅助加热 □太阳能　□其他	设备位置、型号是否与他人共用
	采暖系统方式	□燃气锅炉　□市政供暖　□集中供暖 □物业供暖　□中央空调热水板换　□其他	现有采暖效果、成本
	空调系统	□壁挂空调　□一拖一风管机　□中央空调　□其他	设备位置
	给水	水容量：_____ 给水系统是否可以继续使用：□可以　□需重新做	给水方式、市政给水管径
	排水	是否污废分流：□是　□否 排水方式：□直排　□化粪池　□其他	化粪池位置、容量是否需要同层排水
	强电	变压器容量：_____ 强电是否到每个楼层：□是　□否	供电方式、变压器容量、负载率等
	消防	是否有消防水池：□有　□无　□不具备安装条件 消防楼梯是否符合要求：□符合　□不符合 是否具备喷淋系统：□有　□无	了解当地消防政策
	电梯	电梯数量：_____　　　大小：_____ 是否满足酒店功能需求：□是　□否 是否独享：□专享　□和消防共用　□和他人共用 是否有电梯前室：□有　□无	电梯使用年限、品牌

四看适用性

适用性是指物业是否适合做酒店，是否会出现小脚穿大鞋或削足适履的情况。

适用性取决于建筑外形、造型、结构、功能分区、标准层规模、剖面设计等要素，它们决定了酒店的空间使用效率、空间尺度，影响酒店的档次定位、产品定位。

物业的适用性需要室内设计师初排房后，再做定量评估。我们在看房阶段，以定性为主，主要是排除那些显著不适用的物业（表 3-5）。

表 3-5 物业适用性检查

维度	类别	内容	备注
适用性	面积	物业总建筑面积：_____ 套内面积：_____ 标准层面积：_____ 地下室面积：_____	物业公摊 地下、楼顶使用情况
	大堂	大堂是否共用：□独享 □共用 面积层高是否符合品牌标准：□符合 □不符合	大堂面积、取得方式 是否有承重柱
	餐厅	餐厅面积：_____ 层高：_____ 厨房面积：_____ 层高：_____	是否满足餐厅经营许可 是否具备排污排烟条件
	客房	物业所在城市：□一线 □二线 □三线 □四线 原建主力房型面积：____ 面宽：____ 进深：____ 卫生间面积：____ 面宽：____ 进深：____	标准层面积、层高、面宽等 是否明房、明卫 有无异味、霉斑
	走廊	走道长度：_____ 宽度：_____ 是否符合消防标准：□符合 □不符合	是否需要机械排烟
	停车位	停车位位置：□地上 □地下 是否有回车路线：□有 □无 停车位数量：_____ 租金：_____	停车位是否充裕、使用成本

五看昭示性

昭示性是指物业的形象力及醒目程度，是物业的重要价值之一。

昭示性取决于建筑外形、造型、色彩、外立面、招牌位置、材质等要素，它们共同决定了物业的档次感，而物业的档次感，直接决定了酒店的档次定位。

物业的昭示性一目了然，为了节省时间，我们可以先通过照片、视频、VR 等远程看房，了解物业基本调性，快速排除掉第一印象不佳的物业。对于第一感觉尚可的物业，再去现场看实物（表 3-6）。

表 3-6　物业昭示性检查

维度	类别	内容		备注
昭示性	建筑形态	□矩形　□方形　□多边形　□异形		长宽尺寸、比例
	外立面	□涂料　□真实漆　□面砖 □石材　□铝板　□玻璃幕墙		造型、质感、新旧度等
	楼体亮化	□无须改造　□需改造　□不支持改造		是否市政统一形象
	招牌	□门头　□侧招　□立招　□顶招		材质、尺寸、昭示性等
	遮挡	□遮挡严重　□轻微遮挡可改善　□无遮挡		是否具备改造条件
	窗户	开启方式：□平开窗　□推拉窗　□上下悬窗 玻璃：□普通玻璃　□双层中空玻璃		窗户数量、大小 是否需要更换或改造
	入口	是否便于寻找：□很难发现　□尚可　□很醒目		从初次到访的顾客视角出发

注：下载完整版"五看"电子表格，请扫码加苏菡，回复"1"获取。

苏菡

扫码加苏菡好友
获取电子版表格

【看房小结】

"五看"是为了多角度收集信息，以全面了解物业情况，降低选错概率。

"五看"条条都指向了经济性：如果一栋物业，在合规性、安全性、功能性、适用性、昭示性方面都非常优越，它可以最大化地降低改造工程造价，提高酒店空间使用效率，用最低成本撬动酒店的功能价值、体验价值，从而提高酒店的经济性，提高投资回报率，降低投资风险。

第三节　谈房租

> "房租一块二贵不贵?"
>
> 房租是酒店成本的大头,如果房租过高,就会吞食掉酒店的利润,辛苦忙碌一整年,全给房东做贡献。
>
> 本节来扒扒谈租金时常踩的那些坑。

【老猫踩坑】

老猫曾很得意自己用低租金抄底了好物业,而如今却缄口不提。房租,如今已经成了他的隐痛。

当初,为了商量个好价钱,他请客、送礼、跑腿,极尽讨好房东之能事,房东享受着他的鞍前马后,半推半就同意了他的条件。老猫美滋滋地算了一笔账:房租便宜1毛,一年就省下了20万元,十年就是200万元,这两个月辛苦没白费!

然而,合同签了没多久,老猫就后悔了!

他原计划加盟一家中端酒店,可设计师告诉他,这栋楼的物业基础较差,无论大堂的高度、面积,还是标准层的层高、开间都无法满足中端酒店对硬件的要求,只能降格做经济型酒店,如此一来,房间售价大降,负担不起这么高的房租成本。

而且,从竞争角度考虑,这里本来就经济型酒店扎堆,号称本市"快捷酒店死亡三角区",如果自己再搞一家经济型酒店,无异于一头扎进红海,不,死海!

老猫心里比吃了黄连还苦:当初但凡在公关的同时,挤出一点点时间,在房租和酒店的匹配度上认真揣度，也不至于沦落至此。

可惜，开弓没有回头箭，如今的他也只能负伤前行，强忍着高租金带来的持续失血。

【踩坑分析】

老猫这次踩坑，根源在于只看单价，不看总价，更不看总价在客房收入中的占比，租着便宜用着贵。

对中低端租赁物业酒店来说，当酒店所处位置不同、档次不同、品牌不同时，房租占销售额的比例也不同，但大都要控制在 20% 左右，若比例过高，说明酒店固定成本太高，未来将背负沉重的运营成本，酒店营利性差。

众所周知，酒店利润＝收入－成本－税金，收入＝房价 × 房间数，成本＝变动成本＋固定成本。固定成本＝房租＋折旧（未计提完毕时）等，其中以房租占大头。

一栋物业的房租，至少包含三个层面的价值：

最基层是地段价值，由区位决定，CBD 和城乡接合部的物业租金不同。

往上一层是不动产价值，由物业使用性质、建筑规划决定，摩天大楼和老单位宿舍楼租金不同。

再往上一层是经营价值，由经营者从事的业态和定位决定。即同一栋楼，用来开酒店、做餐馆，当办公室或经营培训中心。因经营业态不同，物业产生的经济价值也不同，对租金的承受能力也不同。

房东定房租，主要依据前两条制定，以地和房论价，而我们酒店投资人，作为物业的最终使用者、经营者，则必须考虑第三条，从经营角度出发，从使用用途出发，来判断房东的租金报价是否合理，是否超出了自己可承受的最高极限。

疏于经营的考虑，很可能签下了高房租而不自知。

【常踩之坑】

看待租金问题时，不能将租金和物业条件、酒店档次等割裂开来看，而要进行关联对比，否则很容易踩中这三个坑。

坑 25：房租和酒店档次不匹配

有些掌门谈房租时，没有将租金和档次挂钩，出现了酒店档次过低，低房价无力支撑房租的情况。

如某投资人租赁了火车站附近的一栋物业，因此地交通便利，人流密集，房租单价较高，他将 6 层楼一分为二，改造为两家酒店。两家店犹如双胞胎，店招、大堂、客房标准层面积都一样（延用原有设计布局），主要区别在于档次不同，楼下三层定位为经济型酒店，平均房价 220 元 / 间左右；楼上三层定位为中端酒店，平均房价 320 元 / 间左右（表 3-7）。

表 3-7　房租与酒店档次关系

酒店	档次定位	房租单价（元 /㎡·日）	总建筑面积（㎡）	年租金（万元）	出房数（间）	每间房均摊建筑面积（㎡）	单房租金（元 / 间）	单房售价（元 / 间夜）	每建筑㎡收入（元 /㎡）	租金 / 客房收入（%）
A	经济型	1.5	5000	274	110	45	68	220	1767	31%
B	中　档	1.5	5000	274	110	45	68	320	2570	21%

虽然两家店的租金单价是一样的，但因为经济型酒店房价低，全年客房收入也低，这导致房租在客房总收入的占比，高达 31%，高出经验值 10 个百分点，酒店背负上了沉重的固定成本，经营举步维艰。

避坑地图

谈租金，不能脱离酒店档次。

首先，基于物业条件，初步判断能落位的酒店档次如何。再参考同档次酒店在周边的售价、入住情况等，预估酒店未来的平均房价。

其次，根据档次对应的产品标准和配套要求，进行初排房，计算大致的出房量。

最后，计算租金在酒店客房收入中的占比情况，行业经验值为 20% 左右，占比越高，说明房租成本越高，不利于酒店良性经营。不断调整房租单价，观察比值变化范围，就可以粗略估算出可承受房租的范围。

比值过低也不能盲目乐观，常因为位置偏远、物业存有硬伤等，导致房租过低，投资人需看清楚真相。

坑 26：房租和出房数量不匹配

有些掌门谈房租时，没有将租金和出房量挂钩，出现了单房均摊面积过大，固定成本过高，拖垮运营的情况。

如同样租赁了建筑面积 5000 平方米的物业，租金单价也一样，但投资人 S 租赁的是一栋方方正正的多层板楼，标准层平面利用率高，可用于酒店使用的经济面积高达 4500 平方米，得房 110 间；而 W 租赁的物业是一栋圆柱形的塔楼，标准层平面利用率低，有效使用面积仅有 4000 平方米，得房 90 间（表 3-8）。表面看租金一样，但均摊到每间房的租金成本差距很大，投资回报也拉开了差距。

酒店本质是售卖空间的生意，收入 = 房价 × 房间数，房间数量直接决定了酒店利润，而出房数量由标准层平面利用率决定，标准层平面利用率越低，有效面积越小，出房量越少，经济效益越差。

表 3-8　不同物业造型经济效益

酒店	物业造型	房租单价（元/㎡/日）	总建筑面积（㎡）	年租金（万元）	使用面积（㎡）	出房数（间）	每间房均摊建筑面积（㎡）	单房租金（元/间）	单房售价（元/间夜）	每建筑㎡收入（元/㎡）	租金/客房收入（%）
S	火柴盒楼	1.5	5000	274	4500	110	41	61	320	2570	19%
W	异形塔楼	1.5	5000	274	4000	90	44	67	320	2102	21%

避坑地图

谈租金，不能脱离出房量。出房量由两点决定：

一是酒店档次、品牌定位。不同档次和品牌的酒店，客房标准不同，公区和后台服务区的标准也不同，经济型酒店客房标准为 18~22 平方米，再加上分摊的交通空间（走廊、电梯、消防通道等）、公区和后台配套面积，单房均摊面积 30~42 平方米；中高端酒店的客房标准为 24~35 平方米，加上均摊面积 50~76 平方米（具体面积详询品牌方）。

二是物业公摊和标准层利用率。标准层是出房的关键，它分为两部分：有效使用面积（指可用于经营使用，产生收益的部分）和核心体面积（指交通设施、设备占用面积及辅助服务面积，无法直接产生收益的部分）。有效使用面积 ÷ 标准层面积 = 标准层平面利用率，也就是说在一定范围内，有效使用面积越大，标准层平面利用率越高，出房量越多，经济回报性也就越好。

评估租金时，要兼顾酒店品牌标准和物业硬件条件。

首先，通过原土建图纸快速了解标准层情况，检查是否存在标准层设计和酒店定位严重偏离的情况；其次，按拟定的酒店档次和品牌进行初排房，预估出房量；最后，计算租金在酒店客房收入中的占比情况，以此作为决策依据。

坑 27: 房租和物业条件不匹配

有些掌门人一味盯着房租，忽略了以下物业条件，致使后期运营成本居高不下。租着便宜用着贵。

（1）电费高。酒店是用电大户，有的物业电费远超同类水平，日积月累也是一笔不小开支。导致电费差距的原因主要有：房东赚差价、物业限电、建筑公摊影响等。

（2）物业费高。物业费也是一笔不小开支，租赁时能否争取到物业费减免和折扣，也在一定程度上影响酒店运营成本。

（3）停车费高。停车问题是影响酒店体验的重要原因，停车位是否充裕、停车费是否合理，对酒店至关重要。

（4）其他费用高。包括暖气费、公共设施的清洁费、市政垃圾费、共用停车场的保安费用等，这些钱的确是"小钱"，但"小钱"也能集腋成裘，累计十年之久，也是一笔不小的开支，在当下竞争越来越卷的市场环境中，考验投资人精打细算的成本管控能力。

避坑地图

（1）列出各项费用清单。了解各项费用的详细单价、附加条件、交付方式，争取最大折扣和优惠，并以合同条款的形式，确保后续有效。

（2）减少"中间商"把持。减少中间转交的环节，如电费，尽量直接交给供电部门，中间不要再转交房东、二房东、物业方等，既可减少差价，又能避免被挪用、被挟持。

（3）重视停车配套问题。掌门人谈判时，要和房东明确物业是否有停车位，是否有免费的停车位，免费停车位数量，免费使用的期限。在谈判中主动争取相关权益，并将相关权益在合同中固化，同时约定在免费使用期限中，不得再增加关于停车场的其他费用。

很多新手掌门人谈判时，不屑于在细节上过多纠缠，仿佛这样显得自己"不大气"。投资人一定要转变这种观念，以精细化和数据化运营的方式，做好投资和成本的管控。

上述三个坑的避坑方法，其实都指向一个重要问题：评估。这也是我们下一章要详细介绍的内容，此处不再过多展开。只提醒一点：在评估工作完成前，应避免急于签订租赁合同，如果时不待人，也应在初评完成后再签。

【踩坑小结】

租金太高存在风险，租金太低也需警惕——买的不如卖的精，明显低于市场价的物业，背后很可能藏着见不得人的猫腻。

面对低租金诱惑，我们要收集背后的风险，发现"低租金"背后要交换的"代价"是什么，权衡利弊，做出最优选择。永远牢记"天上一个饼，地下一下坑，饼有多大，坑有多深"。

第四节　签合同

"签订租赁合同时要注意什么？"

租赁合同如果存在问题，处理纠纷时就会处于被动，合法权益也得不到保障。投资人如果不提前识坑加以防范，将来很可能追悔莫及。

本节我们来扒扒租赁合同的那些坑。

【老猫踩坑】

老猫和房东打官司时，才知道自己当年签的合同有多蠢！

一年前，他和房东签订了《物业租赁合同》，承租了房东公司名下的一栋多层物业。这栋楼从外表看一切正常，可当拆下表层装修物后，项目经理倒吸一口凉气：因为这栋楼年代久远，此前历经多次野蛮改造，内部的梁柱千疮百孔，局部随时有塌陷危险！

老猫紧急做了物业鉴定，结果显示物业存在安全性问题，无法满足 C 类建筑抗震要求，必须先行加固，才能通过图审。老猫找房东协商，但对方各部门互相推诿、一拖再拖不回应，老猫的律师函发了一封又一封，从春天拖到秋天依然未予解决。

老猫拖不起呀！为了投资这家酒店，他扛着沉重的投资成本和压力，无力承担贻误工程的巨大损失，无奈之下，只能自己先行聘请了专业机构，对物业进行加固处理，工程造价高达 200 万元。

协商无果，只能走诉讼渠道，老猫的诉求是：由房东支付加固费用，免除加固施工期的房租，并承担工期延误导致酒店无法按期开业经营的损失。

代理律师本来对此很有信心，依据是"出租方负有租赁房屋瑕疵担保的法定义务和约定义务"①。可当他看完老猫当初签订的租赁合同，眉头却皱成一个"川"字，直言道："猫总，你这合同条款签得对自己不利！"

原来，合同中有一条赫然写着："房屋质量导致的损失及不良后果，完全由乙方（承租方）承担。"潜台词就是：我们产权方不保证出租房屋质量，出了任何事，都是你承租人自己兜着。

这短短一行字，成了房东最有利的反击武器，律师告诉他："虽然这种说法不符合正常租赁的逻辑——作为出租人，怎能对房屋质量不予保证呢？那谁又敢租你的房子呢？但问题是，对方这么提了，你又愿意签字，这也是一种谈判的结果。"

律师不无遗憾地说："如果合同没有这条约定的话，可以说责任百分之百都是对方的。但加上这一条了，对我们就非常不利了。"

老猫肠子都悔青了！当初他急于签下物业，谈判时，竭力争取租金和免租期，觉得除租金外，其他都是小事，自己应抓大放小，不用太过纠缠。这

---

① 《中华人民共和国民法典》第七百零八条规定："出租人应当按照约定将租赁物交付承租人，并在租赁期限内保持租赁物符合约定的用途。"

句话他当时虽然也留意到了，但以为这不过是制式条款的"套话"，没想到却暗藏杀机！

大错已铸成，后悔也无用，老猫只能揣着滴血的心，另寻补救之路。

【踩坑分析】

老猫这次踩坑，根源在于签订租赁合同时，过于大意、随性。

他这次连踩了两个小坑：首先，合同签订前，他本应做好物业尽调（尽职调查），确认物业安全性、合规性，保证它能实现自己的租赁目的。但他失职了。

其次，合同条款看得马虎，签得随性，导致签下了"不平等条约"，这次失误叠加前面事故，错上加错，当问题爆雷时，没法用法律护身，把自己炸得皮开肉绽。

我们以老猫为镜，明得失：签订租赁合同时，事先做好尽调，详细了解合同中的主要条款，如物业权属、功能性质、面积范围、交付条件、租金单价、租金递增、租赁期限、免租期、违约责任等，把好筛查关。

拟订合同文件时，要主次分明、内容全面、格式规范，有必要聘请专业律师草拟或审查，明确约定双方权责义务，剔除暗藏凶险的条款，避免签下"丧权卖己"条款。

当投资人能做到谈判前仔细评估计算，谈判时据理力争，谈判后精准拟订合同时，合同坑就能一举荡平！

【常踩之坑】

物业的具体情况差异较大，暗含的不确定风险也多种多样，对租赁物业的尽职调查不能缺失。一要查物业质量，此类调查由酒店专业人士完成；二要查物业产权归属、物业性质，以及是否存在抵押、违建、拆迁等情况，此类调查多由法务人员完成。

坑 28：无证违规物业

指租赁的物业缺少"不动产权属证书"等证件，如某投资人的租赁物业中，包含了 2000 平方米的未办证面积。房东声称正在办理产权证，投资人便按酒店标准对其进行了装修。但此后两年，该区域始终无法投入使用，投资人便要求房东返还租金，赔偿装修款。经一审、二审，法院最终认定并判决：合同有正式产证的部分有效，无产证的部分无效。合同无效部分，因承租方作为专业酒店运营公司，有判断抉择的能力，所以判定其承担 60% 的主要责任，出租方承担 40% 的次要责任。

避坑地图

没有"不动产权属证书"的物业中，有许多是违章建筑，根本无法办理酒店经营证照，还有一小部分是历史遗留，虽然合法，但后续办证时很容易被卡，属于"高危分子"，建议新手投资人不要犯险。具体内容详见第一节。

查看物业产权证明原件，并将复印件作为合同附件，同时在合同中增加要求出租方做出信息披露的承诺保证。

坑 29：使用性质不符

使用性质决定物业能否用于酒店经营，如某投资人租赁了一幢工业厂房，合同中列明了此物业为"工业"用房，并约定出租方为保证合同正常履行，需积极配合承租方办理相关证照，以便承租方可以将房屋改造用于经营连锁酒店。

合同签订后，投资人基于合同目的，对房屋进行了土建、加固、装修、安全、地基和房屋设计的前期准备，并在房东允许下，对厂房进行了结构改造。结果却因违法施工被行政主管部门叫停，房屋既无法恢复原状，也无法实现合同目的，双方陷入长达十年的撕扯。

避坑地图

从土地性质的角度来说，商服用地上的物业才能做酒店。从物业报建用途来说，非商服用地的商业配套部分，可以做酒店。

土地性质可以通过"不动产权属证书"等查到。对于尚未开工的，可以看《土地出让合同》，对于开工后未建成的还要看规划许可文件。物业的使用用途由土地规划用途决定[①]，开发商在签订了土地使用权合同后，想调整土地用途是非常难的，如果房东承诺可以变更用途，一定要体现在合同中，并注明时间、费用承担等问题。

坑30：建筑质量缺陷

物业质量问题会引发后续纠纷。如某投资人租赁的物业，在施工时才发现存在结构安全隐患，必须先行维修，否则可能影响生命安全。但房东对此拒不回应，投资人被拖得没办法了，只能先行找来加固公司进行维修。事后向房东主张赔偿维修费用，但房东却声称，"贵司接收物业时，未对房屋质量提出异议，交接完成后，甲方不再承担责任""贵司接受房屋后，为满足经营需要对房屋进行装修，是利己行为，该装修非我公司委托、非我公司利益，未经我司批准，也更非我司过错所致，且其数额纯属贵司杜撰，我司断无承担所谓损失的理由"。双方争执不下，只能对簿公堂。

避坑地图

从理论上来说，出租人对房屋质量、安全负有不可推卸的责任，但合同约定中的质量责任在实践中会有很大争议，与其事后撕扯，不如事先规避。在租赁物业时，聘请专业人士勘察物业，从结构、消防、机电、设施配套等

① 土地改变用途为经营性用地应当以招标拍卖挂牌方式重新出让。根据《城镇国有土地使用权出让和转让暂行条例》第十八条"土地使用者需要改变土地使用权出让合同规定的土地用途的，应当征得出让方同意并经土地管理部门和城市规划部门批准，依照本章的有关规定重新签订土地使用权出让合同，调整土地使用权出让金，并办理登记"。

分项情况，对物业进行全面体检。具体内容详见第一节。

"体检报告"在手，制定谈判策略时才有据可依：如发现建筑结构存在安全隐患，判断问题严重程度、评估改造成本，据此和房东谈判商务条件，如共同承担工程造价，或从房租上给予一定减免，争取最优惠的商务条件，并落实为合同条款。

坑 31：共有人不知情

有些物业有多个产权人，如未征得全部产权人同意，租赁合同可能无效。

如某投资人租赁的物业有两个共有产权人：A 与 A 妻。A 声称妻子同意出租该物业，因其人在外地，便全权委托自己来办理手续。投资人不疑有他，双方签署了租赁合同，并启动筹建。可事后 A 妻以不想出租为由，要求解除租赁合同。可此时投资人已经为此投入了大量费用，不希望解除合同。法院认为，投资人与 A 签订租房合同时，明知房屋系 A 与 A 妻共有，但没有证据证明在签订合同时，A 妻已授权给 A，且 A 妻对 A 处分房屋的行为并未追认，因此双方签订的合同无效。

避坑地图

只有产权人同意或经产权人授权才有权处分物业。如存在多个共有人，需了解他们对于租赁情况是否知情，并同意租赁。如果同意的话，口说无凭，需出具书面的同意函或授权书。

坑 32：违规无效转租

有些物业是从二房东手中转租的，如转租合同未获得产权人同意，合同无效。

某投资人和二房东签署了为期十年的《房屋租赁合同》后，便着手酒店筹建，房租和保证金也都付给了二房东。然而酒店开业没多久，产权人要收回物业。此时方知二房东和产权人的租赁合同中约定：未征得出租方同意，承租人无权将房屋转租、转包他人。法院最终判决二房东和产权人的租赁关系已经终止，产权人也没有授权二房东转租或者以其他方式使用，涉案房屋二房东的行为就属于无权处分他人财产，合同无效。投资人只能自认倒霉，再和二房东打官司索赔。

避坑地图

签订合同时，务必确认当事人的身份，是房屋产权所有人、代理人、中介机构还是承租人。提防有人冒充房东，设套行骗。

如果是从二房东手中承租物业，要重点察看：

（1）其和产权人签署的租赁合同是否真实有效，小心不法分子伪造房屋产权证证明；

（2）租赁合同中的租期，转租合同的终止日期不得超过原租赁合同规定的终止日期；

（3）租赁合同是否存在限制转租、转包的条款，限制业态、限制改造的条款；

（4）为保险起见，合同中需附上二房东和产权人的《房屋租赁合同》复印件、产权人授权二房东转租、分租的同意函。

坑 33：重要条款缺失

很多投资人在拟订租赁合同时，将注意力都放在了租赁面积、租期、租金这些核心条款上，忽略了一些重要的条款，导致纠纷发生后，问题争议大，损失持续扩大。常见的条款缺失有：

（1）未约定物业交付条件。指合同中缺少对物业交付条件的限定，或所做描述过于模糊、开放，导致交付时无以为凭。如某投资人收房时发现：房东洗劫式搬家，连电缆都抽走了，把能拆的都拆了，为此拆烂多堵砖混墙，只留给他一个"框架"！可恨合同里没写明物业交付条件，只能咽下这份恶心。

（2）未约定合同解除条款。指合同中缺失解除条款，或条款描述过于模糊，不利于发生纠纷后的解决。如某投资人和房东签订了为期 12 年的《房屋租赁合同》，但开业后经营不善，无力承担房租，便想提前解约。此时，房东却要求其支付巨额违约金，依据是合同中载明：承租方不得解除合同。

（3）未约定合同解除后的房屋处置方式。指缺少合同解除后的房屋处置方式、程序条款，埋下争端。如某投资人解约时，和房东就房屋恢复费用发生争执，房东以此为由拒收物业。因在此期间的房屋空置费由投资人承担，所以房东乐得拖延，坐享"拖延收益"，投资人却被拖得筋疲力尽。

（4）未及时签订补充协议。指对于合同中的条款更改，或未尽事宜补充，未及时签订书面补充合同，导致节外生枝。如某投资人租赁物业时，因当时"一消"证尚未办妥，房东公司承诺三个月办好，并在合同中写明免租期三个月。但最后拖了一年才拿证。其间，双方虽多次口头约定免租期顺延，却未落实在合同上。翌年，房东公司突然换了分管领导，新领导不管过程，只看合同，说好的免租期没了！投资人傻了！

避坑地图

（1）约定物业交付条件。如注明按酒店要求砌筑好隔墙、留出每个房间的上下水口、地暖安装到位、拆除到位、装备好消防喷淋系统、通过"一消"验收等。具体达到何种程度的交付条件，这是双方博弈的结果，务必将结果写进合同。

（2）约定合同解除条款。酒店租赁合同动辄十年以上的合同期，中间充满变数，可能因经营不力，提前关停；可能因城市规划变更，环境剧变；可能因合作纠纷，无奈转让……诸多的不可预见风险下，投资人要提前约定合同解除条款。

合同解除有法定解除与约定解除两种方式。投资人应尽量避免接受类似"承租方不得任意解除该合同"的条款，或对类似条款的字眼做模糊化处理，保留作为承租方单方解约的权利，并在合同中详细约定单方解约的责任、解约责任补偿条款。双方可以约定阶段性的固定金额解约赔偿金，以便锁定解约后的损失，更有利于及时止损。

（3）约定合同解除后的房屋处置方式。避免"恢复原状""不影响正常使用"，这种开放性语言，以免给后续执行留下争议空间。建议在此部分进一步细化——约定恢复原状的定义、恢复费用承担、退回租赁房屋的手续。

还可以增加一条：约定出租方不得无故拒绝接收退租房屋。即便房屋还需要恢复或者进一步装修才能使用，但这不能成为其不接收退租房屋的理由。

（4）及时签订补充协议。双方在合作"蜜月期"，什么事都好商量，什么条件都能谈，谈好后，一定用书面形式固化下来，用补充协议的方式确定下来，作为合同的有效部分。否则，万一将来双方发生龃龉，立刻就会翻脸否认。

另外，为避免房东隐瞒、欺瞒投资人的情况，应在合同中要求出租方做出信息披露的承诺保证。如对方存在隐瞒、虚报、造假情形，承租方可以单方解除合同，不仅保留解除合同的权利，还应把相关赔偿条款也写进去。

【踩坑小结】

以上仅是合同坑中的冰山一角，更多避坑方法请寻求专业律师加持。

开酒店需要法律服务的地方非常多，合同问题、侵权问题、劳动争议问题、信息安全问题……相比起酒店动辄数千万元的投资，法律顾问费不过是个零头，为了省这一点小钱，冒着损失数百万元的风险，实在得不偿失。

8

第四章
评估关

亲爱的投资人:

　　此刻的你，已选好了位置和物业，现在的任务是研究项目的可行性。

　　我们将通过市场调研，进行酒店定位和产品线建议，并据此计算投资回报率，来判断该位置和物业是否适合投资、如何投资。评估决定了项目能否立项，市场上有太多赔本的酒店，都是跳过了评估或评估有误，错把垃圾当成了宝。

　　项目评估流程包括:

□ 调研: 挖掘数据，获取评估的数据支持;

□ 定位: 分析数据，洞察机会，完成酒店定位和产品线假设;

□ 测算: 计算数据，验证定位假设，判断项目可行性。

　　让我们跟随老猫，来看看评估关会遇到哪些问题吧!

FOUR

评估关

开业

做，还是不做？
这是个问题！

（四）
评估关

调研攻略
定位
投测
调研
评估

选址攻略
选竞争位置
选地理位置

（二）
选位置关

选合伙人
流程管理
酒店入行

（一）
入行关

签合同
谈房租
选物业攻略
选物业

（三）
选物业关

入行

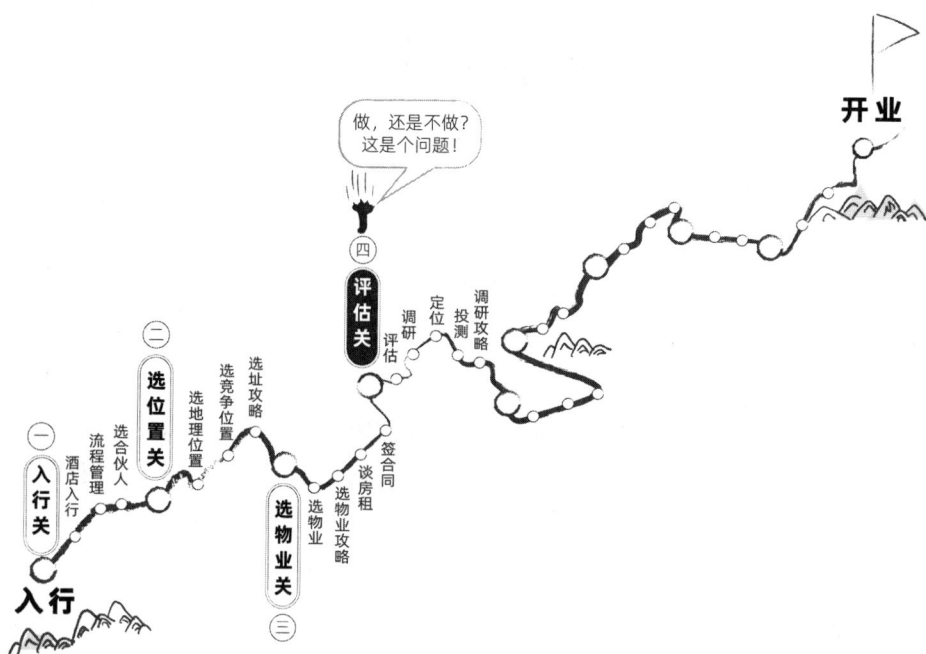

本关目标：评估环节

本关任务： 评估项目可行性

本关时长： 15~30 个工作日

本关导航：

【评估】【调研】【定位】【投测】【调研攻略】

第一节 评估

> "如何判断一个酒店的投资价值?"
>
> 选址、选物业的路上,我们会遇到许多所谓的"机会",它们中有真蜜糖,有裹着糖衣的砒霜,唯有通过评估,才能识别其庐山真面目,做出取舍。
>
> 本节来扒扒评估时常踩的那些坑。

【老猫踩坑】

老猫投资酒店赔了两千万元后,喜提新外号"猫三拍"。

一年前,朋友向他透露了一个商机:某处空置了一栋物业,是做酒店的绝佳位置,租金也非常超值,特别适合抄底。

老猫驱车在四周转了一圈,果然如朋友所说,地段好、客流大、租金低得让人心跳加速,此前一直蛰伏在心底的酒店投资梦,一下子被唤醒了,他热血上涌,也不再考察别处了,一拍脑门,定了!就它了!

此谓"一拍"。

他动作很快,快到来不及勘测物业,来不及评估可行性,风一样签下物业租赁合同,唯恐被别人截和。为了降低投资风险,他决定加盟一家大品牌,背靠大树好乘凉。

选哪个品牌呢?他恰好认识某品牌的开发总监,两人一聊,相见恨晚,几次推杯换盏,老猫一拍胸脯,干了!就加盟你家!

此谓"二拍"。

酒店筹建却很不顺利，先是发现物业有问题，安全不达标，只能斥资加固。接着，又发现物业有多处无法满足品牌标准，只好托人找关系申请非标……一路跌跌撞撞，好不容易熬到开业，每天的入住率连 30% 都不到，连房租都赚不出来！老猫一拍大腿，完了！

此谓"三拍"。

他苦苦支撑了大半年，酒店没熬出爬坡期，人先熬出了神经衰弱，每天面对这么一个烂摊子，他多想能一拍屁股，走人！

可这该死的酒店，早已把他套牢。

【踩坑分析】

老猫的悲剧，祸起评估缺失。因为跳过物业评估，误入了一栋糟烂物业；因为跳过品牌评估，错选了不良品牌；因为跳过立项评估，开启了一段错误的投资，置自己于死地。

"老猫"是一面镜子，折射出很多新手掌门的投资怪象——他们的"酒店投资字典"里，没有"评估"二字，接盘或新建一家酒店时，不是基于理性的投资分析，而是冲动之下的盲从、投机。

不经论证的冲动，是愚蠢不是激情。

评估的本质就是大胆假设，谨慎求证。对于冲动之下的想法，尽可能收集信息，用理性去论证、检验，确定没有问题再下决定。

对酒店投资来说，项目可行性评估决定了这个项目能不能做？怎么做？是关系项目生死成败的一步，一旦踏错，有可能覆水难收，在决定租赁物业前，必须完成酒店的可行性研究，评估项目是否可以立项。

可行性评估可分为三步（图 4-1）：

调研，获取有关地块、客户、市场、自身的相关信息；

定位，洞察信息背后隐藏的机会，进行酒店定位，为酒店画像；

投测，基于定位提出的假设，通过数据模型计算，验证其可行性，确定方案。

总之，信息是入口，洞察是关键，着眼点是可行性、成长性、持续性。

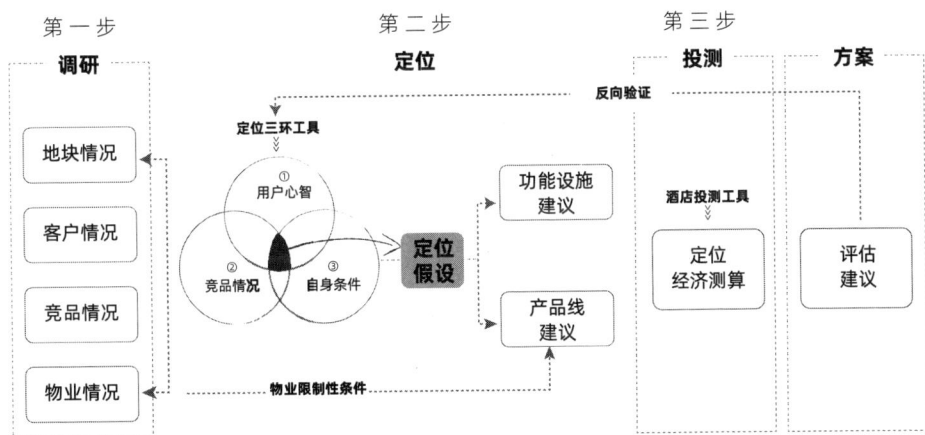

图4-1 酒店评估流程

【常踩之坑】

评估如此重要，很多投资人对它却不甚了解，对评估"是什么""何时做""怎么做""谁来做"等问题都模棱两可，因而常常踩中以下这些坑。

坑34：评估时机不当

"谋先事则昌，事先谋则亡"，做重大决策前，跳过评估直接拍板是非常危险的，尤其这三个节点。

（1）签租赁合同前。租赁合同一签，酒店的位置和物业已成定局，先天牌就此敲定。

（2）签加盟合同前。加盟品牌一定，酒店档次、品牌、产品就一锤定音，后天牌也板上钉钉了。

（3）签转让合同前。对接盘酒店的投资人来说，签下转让合同的一刻，木已成舟，所有的牌都亮出来了，无论是好是坏都只能硬着头皮上了。

酒店投资和人生一样，决定成败的关键，无非这几步，这几步一旦行差踏错，事态很可能就覆水难收了。

避坑地图

每逢重大决策时，评估先行：

（1）选位置节点。通过市场调研，获取该地段的客户类型、市场规模、竞争环境数据，评估该位置的含金量，判断该地段是否适合做酒店。

（2）选物业节点。通过物业勘测，获取物业的证照情况、设计参数、配套情况等，评估该物业的适用性，判断是否值得入手。

（3）立项节点。通过综合评估，预测酒店定位、财务数据，评估项目可行性，判断项目是否可以立项。

（4）定品牌节点。通过品牌研判，衡量品牌形象力、顾客忠诚度、直销渠道的销售力，评估该品牌对酒店的赋能力，判断是否契合酒店定位。

总之，基于所处节点，确定具体的评估目标，有针对性地收集信息来支持决策。

坑 35：评估方法不当

方法错了，再用力也白搭，不当的评估方法包括以下三种。

（1）直觉式评估。相比高档酒店对可行性研究的重视，很多租赁酒店投资人，不甚重视评估，没有数据支撑，仅凭直觉和经验，就敢于拍板，非常任性。

（2）碎片式评估。有些投资人虽有评估动作，但所虑不周，仅凭单一要素，如建筑物是否顺眼，邻店生意是否红火，租金是否便宜等，就直接拍板，以偏概全，失之客观。

（3）自嗨式评估。有些投资人"选择性注意"，只看到对自己有利的信息和数据，对那些不好看的，有风险的数据自动屏蔽，把评估变成了自欺欺人的把戏。

避坑地图

完整的评估过程包括：明确评估目标—拆解影响结果的要素—对各要素优先排序—考虑证据—考虑效益—验证结果。

其中，"拆解影响结果的要素"这一条，就是要求我们尽可能全地列出相关项，做到不重不漏，以避免"碎片化"带来的误判，然后通过重要性排序，找出最关键的要素，集中获取足够有力的数据，反复推演，以证实或证伪假设，最终找到一个最优解。

遵循科学的评估过程，就能有效避免经验式、碎片式、自我陶醉式的评估。

坑 36：掌门缺席评估

有些掌门人把评估工作全权委托给第三方公司，自己不管不问，坐等顾问出结果。

判断一个酒店是否值得投资，是掌门人当仁不让的职责，如果连这种生杀大事都假手他人，实在耸人听闻。可现实中有太多掌门人迷信专家，对评估数据不较真，对评估结果不推敲，缺乏主动思考，还美其名曰"专业的事交给专业的人"，可是顾问和掌门人出发点不同，利益不同，责任不同，军师怎么能替主帅决策？

对掌门来说，如果只做一件事的话，这件事便是评估！评估做不好，其他都是瞎忙、穷忙。

避坑地图

掌门人作为一把手，是把握方向的人，他必须扛起主导评估，制定战略的职责。

把握方向，就是在一堆备选项中，找出那个最有经济价值的酒店。要胜任这个任务，掌门人必须懂业务、懂专业。今天不懂，今天就要学，而不是拿不懂当挡箭牌。一个不懂业务，又不肯学习的掌门人，是只把自己当成了一个"吃瓜群众"，而非一个能主动解决问题的思辨者、领袖，是不可能干好酒店的。

坑 37：评估所托非人

有些掌门人想找专家出谋划策，却所托非人，托到这些伪专家身上。

（1）批发贩子。有些咨询公司做方案基本靠抄，出结果基本靠编，复制粘贴攒出一个评估报告，一个 PPT 兜售给一百家酒店用，坑人不倦。

（2）全包公司。有些咨询公司业务范围宽比大明湖，啥活都能干，啥活都敢接，服务"一条龙"，实则一条虫，皮包公司是也。

（3）兼职私活。有些酒店集团的在岗人士，如开发人员、运营经理等，也会接"私活"，为想开店的投资人出谋划策，但他们囿于各自的专业背景，往往存在一定的局限性，缺乏整体观和系统性。

新手掌门人缺乏辨别能力，重金请来了"胡庸医"，被乱用"虎狼药"，等到病情不治时，"砖家"早就拿钱走人，留下一地鸡毛。

避坑地图

目前市场上，能为租赁酒店提供评估服务的主体看似很多，其实可选择空间并不大。

行业里有名的大咨询公司，多面向高端市场，一般不服务中小客户。活跃在租赁型酒店市场的主要有：小型咨询公司、培训公司、运营管理公司，甚至设计公司。这些公司良莠不齐，李逵李鬼难辨，即使有一些专业的机构或个体，但因缺乏品牌效应，投资人也很难找到他们。

掌门人可以通过这三点来鉴别对方是否靠谱。

（1）看创始人。了解公司的创始人是谁？业内风评如何？

（2）看专业性。业务范围是否聚焦？是否专注酒店投资咨询细分领域？此前服务项目的《酒店可行性研究报告》是否专业、完整、严谨？

（3）看沟通力。了解主要负责人的沟通力，若对方逻辑混乱、表达抓不到重点，走为上策。

坑 38：欠缺复盘意识

有些掌门人在做评估时，只有假设，没有验证，后续也未及时复盘自检，没有形成评估闭环。

例如，有的掌门人筹建过程中稀里糊涂，连已经投了多少钱都说不清楚，分项明细更是一笔烂账，如果再进一步追问预算超在哪儿，为何会超支，下次如何避免，更是一问三不知了。评估如果少了复盘环节，就像狗熊掰棒子一样，一边掰，一边扔，最后手里啥也没存住——这正是很多人明明从业十多年，投过多家店，却空长年纪、不长本事的根本原因。

避坑地图

有效的酒店评估应贯彻 PDCA 原则：计划→执行→检查→复盘。少了任何一个环节，评估能力都会原地踏步。

评估的本质就是：大胆假设，多方验证。评估不能像放箭一样，射出去就不管了，应该像"回旋标"一样，捡回来重新审视，要对比开业后的实际经营情况，找出符合当年预期的部分，萃取成功经验；找出不符合当年假设的部分，探寻问题背后成因，通过今昔对比，不断修正认知偏差，提升下一次评估的准确率。

当评估能形成一个完整闭环时，它将变成掌门人蜕变的增长飞轮。

【 踩坑小结 】

酒店评估很像"体检"，目的都在于及早发现危险，尤其发现那些"恶性肿瘤"，给我们及时"切除"它们的机会，让我们有机会悬崖勒马。

无数投资人的血泪投资史告诫我们：与其事后弥补一掷千金，不如事先预防一本万利。

第二节　调研

"评估时如何挖市场数据？"

评估的路上，第一步是挖掘数据，只有信息全面、真实，才能确保评估的准确性，信息是洞察的前提，如果没有数据支持，评估就成了空中楼阁。

本节来扒扒调研时常踩的那些坑。

【老猫踩坑】

酒店江湖上，有一种"神仙级"的老专家很吃香。

传说中，几十年的酒店生涯，让他练出了一双"慧眼"：只要到项目上转一圈，用他算命大师般神秘的双眼一瞧，就能瞧出来这地方能不能做酒店，几年能回本。

老猫拟投资一家酒店，正举棋不定之际，朋友为他推荐了这位"老神仙"，老猫如获至宝，立刻高接远迎，请"老神仙"来为自己把关。

"老神仙"一到现场，立刻拍手叫绝："好！好！好！现在老城中心很少能找到这么方方正正的物业了！绝版！稳赚！"

他智慧的大脑，头顶不长毛，像他的皮鞋一样光可鉴人。爬了两层楼，鞋不染尘，边走边指点江山：

"这里，打通做会议室，会议室自带流量。"

"那里，做成餐厅，将来一定要把早餐做好做精。"

里外转完一圈，最后来到小院里，站在拆建的废墟前，挥斥方遒："你再把这小院收拾一下，窗前种上一排竹子……完美！"

"老神仙"这两米二的气场，当场震住了老猫！

随后的饭局上，一番觥筹交错后，满面红光的"老神仙"拍着老猫的肩膀，语重心长："兄弟，就做××品牌，错不了！"

老猫点头如捣蒜："嗯嗯！您是前辈，经验老到。"

"老神仙"哈哈一笑："我们老了！将来酒店业的发展，还要靠你们新人！"

然而，新人还没来得及"光大"酒店业，先被拍死在沙滩上——老猫的店，开业后门可罗雀，入不敷出，连房租都赚不出来。

【踩坑分析】

任何"一眼"看透酒店的专家都不可信。评估是建立在大量事实基础上的逻辑推演，而非算卦式的"铁口直断"。

这就像看病：再牛的专家，诊病时，也需要通过望闻问切，再加上X光、核磁共振、抽血化验等现代化检查手段，获取足够多的病情信息，不致误诊。

可酒店圈的这些所谓"老神仙"，只需在项目上走马观花地遛一圈，听着掌门片面的介绍，凭着这一鳞半爪的碎片，就能准确判断真相，这不是"人眼"了。

是"X光眼"，能穿透楼板，直视腻子下面的机电管路；

是"千里眼"，一眼看尽方圆3千米的商圈、配套、竞品；

是"梭伦魔眼"，能预知开业后的竞争格局和RevPAR。

有这本事，还吃什么人饭，直接吃香火不更香？

但，能"看透酒店本质"的慧眼，的确是存在的——不过，并非"一眼看透"，而是用科学的调研方法，系统地获取多维信息，然后加以分析，判断酒店投资的可行性。

【常踩之坑】

很多掌门觉得调研是基础工作，没什么技术含量，就直接甩给实习生去做，踩中以下常见坑。

坑 39：目标不清

有的掌门人下达调研指令时，只扔下一句没头没脑的话："去把周边酒店调研一下。"员工接到任务指令，搞不清领导想要什么，也不知道自己要做什么，无头苍蝇般乱忙一通，能指望带回什么有价值的信息？

目标不清常见于以下情形。

（1）目标不具体。指目标过于笼统，重点不明，没有指引性。

（2）目标难衡量。目标无法数量化或行为化，不能对标工作指标，很难衡量完成度。

（3）目标无时效。目标没有明确的截止期限。

当调研目标不同时，调研的方向和侧重点也不同。例如，目标是从多处物业中筛选最优者，调研重点围绕着物业合规性、安全性、功能性等；如果目标是筛选加盟品牌，调研则聚焦周边酒店市场供给规模和结构层级、不同品牌渗透率和经营情况、目标客户的品牌偏好。

避坑地图

调研目标应符合 SMART 原则，确保要求清晰明了，并确保每一个执行者，对目标的理解统一无误。

SMART 原则：

S：具体的。

M：可衡量的。

A：可实现的。

R：与你相关的。

T：有时间限制的。

出发前，确认所有的调研人员都能准确地回答：

我（与你相关）需要在　　　　（多长时间）内完成一件　　　　（具体的）事情，达成的效果是　　　　（可衡量的＋可实现的）。

用上面的场景举例，我们不妨把那句"去把周边酒店调研一下。"换成："下周要和设计公司开一个项目沟通会，向设计师展示周边酒店产品情况（具体的），以便他们能做出有差异化的设计（可实现的），你利用这三天时间（有时间限制的）调研，并做成一个 15 分钟的 PPT（可衡量的）。"

别指望员工在执行时能自己举一反三、交出超越期待的答卷，尤其当你面对的是基层员工、新建团队时。

坑 40：内容不全

调研获取的信息数量和质量将直接影响决策，内容不全常见于以下情形。

（1）广度不够。该调研的内容没做，如只做了微观竞争分析，缺少宏观、中观市场分析。

（2）深度不够。调研内容流于表面，缺少深入挖掘，如竞品分析时，只罗列产品基本信息，缺少客群调研、销售情况调研。

（3）精度不够。调研止于开放性的描述，缺乏数据化支撑，如竞品竞争力分析，缺少入住率、RevPAR 等具体数据。

避坑地图

调研内容的纬度和精度应围绕目标灵活调整。

（1）澄清目标和要求。调研前，确保调研人员对此行的目标和要求清楚无误，避免知其然不知其所以然。

（2）结构化拆解问题。将一个复杂的大问题，拆成一串回答它的子问题和孙问题，然后按重要性进行排序，以便大家清楚自己到底获取哪些信息，哪些是重点，有针对性地调取数据。

（3）统一调研工具。用标准化工具，规范调研结果。能列表的尽量列表，调研者只需勾选即可；无法用列表记录的，注明汇总形式，给出填写范例，以供仿照。出发前培训模板使用方法，由各人独立完成自己调研部分的最终版汇总，倒逼调研者对自己调研的内容负责。

坑 41：分析不当

有些调研止于"调"，没有"研"，即只是搜集堆砌了大量信息，缺乏科学的分析研判。

（1）先下结论，后找证据。评估时不是依据调研事实出结果，而是先在主观上认定一个结论，然后竭力找证据证明自己是对的。

（2）以偏概全，分析失误。有些调研偷工减料，数据片面、过期，甚至直接编造，这种残缺有误的数据，能分析出什么东西？调研如同侦察敌情，夸张敌情或缩小敌情，都会误导决策。

（3）数据冗杂，难以分析。有些调研人员很卖力地挖掘信息，但该有的数据没有，没用的数据一大堆，有用没用的掺杂在一起，如一团乱麻，很难理出头绪。

避坑地图

调研前，心中要先有分析模型，基于分析模型，制定调研问题，确定收集手段。

首先，确立要解决的问题是什么？

其次，基于问题找到适合的思维模型。思维模型是前人解决同类问题的智慧结晶，借助模型可以事半功倍地分析问题、解决问题以及预测问题。酒店投资常用到的模型有 SWOT 分析模型、HOOK 模型、AARRR 模型等。

最后，确定信息收集方法，如桌面调研、线下调研、问卷调研、用户访谈等，收集相应的数据后，利用模型加以分析。

举个例子，假设要解决的问题是"确定酒店定位"，定位最常用的思维模型是特劳特先生的三叶草模型：用户心智、竞争对手、自身条件。借助这个模型，一下子就找到了要调研的重点内容：顾客内心的需求是什么？竞争对手是否已经领先或占据？我们自己有哪些绝招？挖掘到相应数据后，便可借助模型进行分析，如此得到的结论更客观。

【踩坑小结】

没有调研就没有发言权，在酒店行业周期变迁的大背景下，在竞争越来越激烈、产品迭代越来越快、用户消费越来越多元的趋势下，疏于调研，将无法了解到真实的投资环境，给投资带来巨大的风险。

当然，市场调研不是万能的，受到抽样方法及人为原因等影响，存在一定误差，有时数据也会"说谎"，但无论如何，它提供了诸多"证据"，帮助我们不断求证、验证假设，最大化排坑避坑。

本章末附《调研攻略》供参考，实际应用时，投资人可根据具体调研目标，灵活选取板块。

第三节 定位

"你的酒店是什么面孔？顾客记住了什么？"

调研的目的是确认酒店的战略定位、产品类型和设施规划方案，它决定了酒店将来做成什么样，是酒店的定海神针。

本节来扒扒定位时常踩的那些坑。

【何为定位】

对许多新手掌门来说，"定位"是个热词，常听人挂在嘴边，细究又模棱两可，所以咱们先来补充一下相关背景知识。

（1）定位概念

所谓定位，就是如何让你在潜在客户的心智中与众不同。[①]

特劳特先生在《定位》一书中，反复强调：定位不是围绕产品进行的，而是围绕顾客的心智进行的。即削尖了脑袋，让自己的品牌在顾客的心智阶梯中，占据最有利的位置，让品牌成为某个品类（即某一类需求）的代表，这样一旦顾客有了某种相关需求，便会将该品牌作为首选。

比如，一对逛商场的闺蜜想吃火锅时，第一时间想到了海底捞；

一个县城宝妈想买代步车，第一时间想到了"五菱宏光 Mini"；

一个熬夜白领想买眼霜，第一时间想到了雅诗兰黛的"小棕瓶"；

一个销售经理想宴请大客户时，第一时间想到了"茅台"……

海底捞、五菱宏光 Mini、小棕瓶、茅台，都是在不同品类成功定位的典范。

一家酒店如果想在商战中立于不败之地，同样需要顾客在产生某种住宿需求时，第一时间想到自己。

比如，一位出差的销售经理，他订酒店时，第一个想到了某季。当然，有些人第一时间想到的是某朵、某际、某庭、某也纳国际……这恰是定位概念中最关键的一点：定位是对潜在顾客的心智争夺战。不同的人心中，每一个品类，都有一个排行榜，给品牌们"排座次"。

而定位的目的，就是找到在哪个排行榜上，才能更有机会做到榜首，并持续"霸榜"。

（2）定位本质

定位理论诞生的背景，是因为信息过载，产品爆炸、品牌泛滥、媒体猛增。超量的产品和品牌，如同将浴室的水龙头开到最大，水汹涌狂泄，而人的心智却如缠满了头发的下水口，只能容许一线水流通过。

哈佛博士米勒研究发现，顾客心中最多只能为每个品类留下七个位置。

---

① 艾·里斯，杰克·特劳特.定位：有史以来对美国营销影响最大的观念［M］.谢伟山，苑爱东，译.北京：机械工业出版社，2011.

特劳特进一步发现，七个也太理想了，人们心中只能记住前两名。这意味着在一个品类中，那些做不到"数一数二"的企业，摆在眼前的只有两条出路：或者被淘汰出局，Game Over（游戏结束）；或者自带梯子另找一处新空位，努力爬到新空位的前两格。

酒店业亦然。

近几年，很多投资人都有同感：竞争越来越卷，钱越来越难赚。一个稍好的位置，同类型的酒店如雨后春笋，竞相冒出来。有的小商圈，方圆5千米，加上本地居民，满打满算不到十万人，客户想选一家酒店入住，很可能要面临全季、桔子、亚朵、希岸、汉庭优加、如家商旅、柏曼、麗枫、如家精选、喆·啡、智选假日、白玉兰、维也纳国际、漫心、宜尚、美伦、星程、兰欧……真是恨不能三千佳丽，任君挑选。

有限的客源，如同一个贫瘠的生态环境，养活不了这么多酒店。一山不容二虎，同一赛道上的酒店唯有浴血肉搏，"不是你死就是我亡"，少数强者活到了最后，赢得了铁王座，霸占了生态位，而大多数酒店要么直接倒闭出局，要么不断翻盘另寻新生态位。

好了，带着这个定位认知，让我们再次跟上老猫的步伐，看看他这回又踩了什么坑。

【老猫踩坑】

老猫在冷清的门前裹着貂，看着隔壁狐君在热销的大堂露着腰，又嫉妒又不解：

明明大家都在同一栋楼上，为什么生意天上地下？常常要等狐君满房了，顾客才会分流到自己这边，他跟着吃点残羹。

如果归咎于价格，他曾打折降价，客户增长也甚微；如果归咎于加盟品牌，自己加盟的品牌也是名列前茅的全国性大品牌。病急乱投医，甚至还去请了一尊貔貅来改风水！

其实，原因并非无迹可寻，也许早在四年前就种下因果。

那时这栋楼尚未封顶，两人几乎同时看中此地，但接下来的动作却大不同：

老猫一门心思用在"公关"上，忙着托人找关系送礼，争取到了最优惠的租金、免租期和物业费；

狐君却没有急于谈合同条件，而是先做了一番调研，把周边的商圈、竞品酒店、客群情况通通摸了一遍，基于地块价值、产品和坪效的考虑，做了酒店定位假设，然后通过测算，判断定位与地块、市场的契合性……直到他确信酒店的未来后，才开始洽谈细节。

他的谈判策略也和老猫不同，他没有一味纠缠租金单价，而是和开发商提出了很多物业改造要求，如隔墙的砌筑、下水点位的预留、楼顶空气能热泵的加固、公共区域地面的处理、某些配置的拆除等，这类改造要求，如果等交房后投资人自己去整改，改造大、费用高、耗时长，会大大加大前期投入。但对于彼时正在施工，急于预售回款的开发商来说，所耗不多，有些还可以减少投入（如免装房门、马桶），所以谈判难度明显变低。

在开发商为他施工的同步，他同步进行着酒店定位的落地工作。谈妥了品牌加盟合同，要求设计公司在满足品牌大定位的基础上，融入对单店细分定位的思考，把"模板"式的设计，一定程度上变成了"定制化"设计。因为时间充裕，可以从容地修改图纸、深化施工图，启动装修招投标……整个筹建过程有条不紊。

而老猫则是在脑子里啥概念也没有的情况下，开启了筹建之旅。品牌选得随性，设计定得仓促，施工队伍选得草率。最终结果是，明明老猫早签了租赁合同，可他还在叮叮当当砸墙拆门时，人家已经开门纳客；当他跌跌撞撞上线时，人家已经站稳脚跟；当他借钱发工资时，人家已经四年回本。

【踩坑分析】

拉开双方差距的真正原因，就是定位。

狐君在谈租赁合同时，有一个小细节，他精细地列出了房屋交付条件。

别小看这一点，这意味着在整栋大楼尚未建成之际，狐君的脑海中，已经有了一张酒店未来素描图，上面细致入微地画出了酒店的业态体量、公共区域布局、客房设计，甚至细到客房的隔墙在哪，卫生间马桶的下水。

这种超清的画面感，源于他在租赁前对酒店定位的深度思考。

两个多月的调研、假设、评估，他对酒店未来"给谁住""建成什么样""为何要这样建造""护城河是什么"等问题想得非常透彻，筹建之旅，就是按图索骥的过程，通过选品牌、选设计等，将心中的画布，在现实中复制出来。

而老猫代表了那些没有定位思维的新手投资人，在投资酒店时，既不知其然，更不知其所以然，就像打猎时，先开枪再瞄准，能打到什么，全看运气。运气好，酒店侥幸生意还不错；运气不好，连问题出在哪都找不到。

我们经常说，掌门人必须懂得聚焦和取舍，这两个词，其实就是对定位最好的注解，唯有搞清楚酒店的定位，才知道应该朝着哪里聚焦，知道应该舍弃什么，从而将有限的资源和精力花在真正该花的地方。

没有定位统摄的话，是没法做好取舍的。

《定位》一书中讲过西南航空的经典案例：破产边缘的西南航空，危急中确定了短途廉价飞行的定位，有了这个定位的统摄，航空公司展开了一系列相应工作：只要一种机型，压缩维护成本；不飞远程航行，不走大机场，压缩泊机等待时间成本；不提供餐饮服务，压缩运营成本；鼓励乘客直购，减少中间商，压缩销售成本；也没有头等舱和商务舱，因为针对的细分客群就是刚需价格敏感型客户。这一套组合拳下来，西南航空的运营效率很高，极大地降低了内部成本，把机票降到像汽车票那么便宜，定位大获成功，企业起死回生。

对酒店投资人来说也是如此。

只有当你清楚地知道自己的定位是什么？要吸引哪些顾客？然后围绕定位来进行配套动作：选择契合的设计方案，对功能和配套进行优先排序，选择目标人群出没的渠道推广，围绕他们的喜好设计公关方案、媒介活动。自始至终基于定位目标，剔除掉自身那些和定位不符的部分，修整剩余部分，增加强化定位的部分，以使酒店更契合定位，就像熟练的园丁砍掉徒长的侧权，打薄密集的树枝，让它得以向着预想中的树形成长。

【常踩之坑】

定位如此重要，但碍于很多人对定位的认知和理解不足，导致在这一环节频频踩坑。又因为定位事关竞争战略，一旦栽坑，后果严重，因而非常值得警惕。定位常踩的坑有：

坑 42：跳过定位

有些情况下，掌门人觉得自家酒店无须做定位，就跳过定位环节直接开干，例如：

（1）加盟店无须做定位

有些新手掌门自认为，单体酒店才需要做定位，我做的是加盟店，加盟后就等于自动定位了。若果真如此，加盟后直接照搬品牌标准就是了，又为何会出现同一品牌，在不同城市的房型大小、功能配套有差异？

即使有统一品牌标准的加盟店，在落地时也需结合物业条件、区域竞争，做进一步的细分定位，否则很容易出现"均码"鞋子不适脚的情况。

（2）小酒店无须做定位

有的新手掌门自认为，高端、大型酒店才需要做定位，我这么一家七八十间的小店，哪还用得着做定位？等下次自己开个大酒店时，再聊定位的事吧！

其实，小酒店的生存环境更恶劣，能获取的资源更有限，更需找到那个优势位置，保全自己。这就像刘邦起初也很弱小，所幸占据了汉中这个生态位，退可守，进可攻，赢得了进一步发展壮大的机会。

（3）接新店无须做定位

有的新手掌门自认为，老店翻新时才需要做定位，我接盘的酒店装修还挺新，接着干就行，别折腾了。

然而，即使面对一家新装修不久的酒店，其市场业绩较为稳定的存量酒店，接盘前也须进行评估，判断其定位是否契合市场，竞争力是否持久，是否要通过小范围修正定位、小规模设施翻新来维系产品竞争力。

避坑地图

（1）加盟店需做细分定位

加盟店不能止于品牌自带的"大定位"，还要结合具体市场情况，根据局部竞争市场特点，进行二次定位。

比如，同一品牌，当落在租金昂贵的老城区时，房间可以缩小，优先考虑紧凑型设计，酌情砍掉使用率低的配套，保障出房率和坪效。

而当它落在高新区，周边竞品扎堆时，那就要优先考虑用户体验，采用舒阔的房型设计，并着力挖掘和竞品的差异化优势。比如，竞品都没有会议室，而周边企业顾客存在会议需求，便可以考虑在产品设计中，增设会议室，攫取这部分会议客户，进行差异化竞争。

显而易见，若没有二次定位作为指导，我们是无法根据细分用户需求，细化产品设计的，也就失去了缺乏吸引潜在顾客的独特价值，变成真正的

"千店一面"。

（2）小酒店更要错位竞争

小酒店要竭尽全力，借助定位找到属于自己的"汉中"，才有机会在区域范围内战胜大牌们。

大牌们面向全国，打的是"大局牌"，思考的是整盘，优先考虑的是"标准化""规模化"，不会为了一城一池而改变整体战略，所以在用户细分、产品差异化、营销玩法上都不如小店灵活，这正是小店定位的机会——在自己的小地盘上，掘地三尺，找到自己的独特价值，确定自己的细分定位，和大店们"错位竞争"。你无法做到"最大"，但可以做到"不同"。

规模较小的酒店做定位，为了节省费用，掌门人不妨亲率团队进行调研、提出定位假设，再请经验丰富的专家验证把关。可以省点钱来做，但绝不能不做。

（3）接盘店再定位找优势

接盘前先评估酒店原定位是否合理，是否有足够的生存空间和市场竞争力后，再考虑接手的事。

一般来说，转让的酒店常包括三种类型：资产修复型、竞争力提升型、颠覆重塑型。无论哪一种都应评估先行，通过竞争酒店市场评估、地块潜力评估、酒店设施力评估、运营数据评估，确定是否有必要进行二次定位，以便在定位指导下，提出产品线和设施改造建议，计算改造预算，权衡改造风险，最后根据测算决定是否接盘。

坑 43：曲解定位

有些掌门人倒是非常积极地推进定位工作，但其认为的定位并非真定位。

（1）误把"品牌"当定位

有的新手掌门人以为，"定位 = 选品牌，只要品牌定了，定位也随之有了"。

这是颠倒了定位和选品牌的顺序。无论新建还是接盘一家酒店，投资人都需要先对酒店进行可行性研究，确定酒店的定位、产品类型和设施规划方案。然后，基于定位，再来选择契合度高的酒店品牌及管理公司，以获得其品牌赋能和管理技术支持。

（2）误把"档次"当定位

有的新手掌门人以为，"定位＝定档次"，所以常听有人说"我家酒店的定位是中端"，这是搞错了定位和档次的主次关系。定位是一个综合体系，包含多重评判标准，档次只是其中之一，仅凭单一的档次标准，无法区分两家酒店。

（3）误把"类型"当定位

有的新手掌门以为，"定位＝类型"，你问他酒店是什么定位，他回答："商务酒店。"

这是混淆了类型和定位的概念。酒店形态千千万，我们常按不同的分类方式进行区分，如按居住时长分类（长、中、短宿），按规模分类（大、中、小型等），按服务类型分类（全、精选、有限等），按选址场景分类（商务、度假、会展等），仅凭一个类型的区分，无法精准定义酒店。

总而言之，品牌、档次、类型、模式、规模……这些好比大象的腿、鼻子、尾巴，把其中某一项视为定位的全部，就会犯盲人摸象的错误。

避坑地图

定位是一个系统工程，掌门人只有理解了这个系统的构成，才有可能在酒店投资过程中，用定位护航自己投资的安全性和经济性。

我们再来回顾一下"定位"的概念：如何让你在潜在客户的心智中与众不同。

这个概念中至少包含了三个要素："潜在客户""众""不同"

"潜在客户"，即谁是你的细分客户。

"众"，即谁是你的对照组，谁是你的竞品，他们表现如何。

"不同"，即和竞品相比，你有什么人无我有，人有我优的绝招。

这个"与众不同"，涵盖的面非常广，包括但不限于：

服务于谁，是小镇青年，还是都市白领？

体量多大，是 88 间客房，还是 300 间客房？

档次如何，是奢华酒店，还是中端酒店？

风格如何，是生活方式酒店，还是商务酒店？

运营模式，是自营管理，还是品牌方管理？

品牌如何，是国际连号，还是国内品牌，具体哪个品牌？

产品如何，是大尺度空间，还是紧凑型户型？

渠道如何？是依靠会员平台输送，还是依靠自有销售团队？

价格如何？是薄利多销，还是高价路线？

……

以上这些，都是从不同的角度，描述了酒店应该做成什么样子，它们共同决定了酒店在顾客心中的印象，也就是酒店的定位。所以说，酒店定位其实是一个很大的系统工程，它可以拆解成客群定位、规模定位、档次定位、风格定位、运营模式定位、品牌定位、产品定位、渠道定位、营销定位、价格定位……不能用一片叶子代表整个森林。

坑 44：无效定位

有些掌门人辛辛苦苦搞出来的定位，压根无法落地，沦为废纸一张，例如：

（1）吹牛式定位

有些酒店喊出来的定位，缺乏足够的"证据"，当实力配不上口号，定位就成了"吹牛"。

如许多酒店动不动打出"高端"的定位，如果你问他"高在何处"，对方就支支吾吾，回答不出来了。名不副实的高端宣传，只会将顾客的期望值拉高，当他们慕名而来，失望而归时，发现被骗的顾客，会愤然将酒店拉入黑名单。

（2）自嗨式定位

有些酒店定位时，不是从用户视角出发，而是从老板视角出发，把自己的"愿望"当成定位。

如有些掌门人喜欢标榜自己是个文化人，特喜欢"文化""艺术"这种定位，什么茶文化、名人文化、古典艺术，像穿金戴银一样，披挂一身，而所谓的艺术，很多就是在墙上挂了幅画……师其形不得其神，无法打动顾客。

（3）硬造式定位

有些酒店为了追求"与众不同"，生造概念，硬编定位，还要花费大量推广宣传费去"教育"客户，费力不讨好。

定位的本质，是锁定用户需求，需求有真需求和伪需求，伪需求看着花哨，但用户不会为此支付代价，顶多就是满足一时的猎奇心，很快就会过时淘汰。可惜太多的掌门人为了伪需求，搭进去大量人财物，却连个回响都没有。

避坑地图

有效的定位，应符合三点：真实需求、名副其实、具备一定市场规模基础。

（1）定位要有用户视角，从用户的使用场景和痛点、爽点入手，找到用户在乎的真正需求，将有限的资源，倾注在这些刀刃上，而不是虚掷在那些可有可无的设施、配套、功能上。

（2）定位要名副其实，不能只停留在口号上，找出足够充分、可靠的证明（信任状），并将这一定位整合进酒店产品和内部运营的方方面面，特别要保证传播上有足够的资源，以便将这一定位植入顾客心智。当实力配不上野心时，就成了虚假宣传。

（3）定位要具备一定的市场规模。市场有大有小，有肥有瘦，如果所选的目标客户太过单一、基数太少，哪怕酒店的产品和营销非常出彩，但贫瘠的市场也可能撑不起酒店规模，投资人应评估定位市场的规模、容量、成长性。

坑 45：定位雷同

有些酒店定位模仿、跟风、抄袭、缺乏差异化。

如很多新手掌门人明知竞争对手已占据某定位，但迷之自信，自诩"我能做得比他更好"，选择正面硬刚，插足别人的生态位，可人家先入为主，早已在顾客心智中成功占位，想要撼动其地位，事倍功半。

这种情况实在是太普遍了，在很多城市的酒店热门地区，一条街或一栋楼上，数家酒店扎堆，在规模、品牌、定价、房型、配套上相似度都极高，像极了一家整形医院出来的，彼此的替代性很强，那就只能拼价格，伤敌一千，自损八百，以至于区域都有了外号——"快捷酒店死亡三角区""中端酒店坟场"，可这一切，依然挡不住许多新人，前仆后继地投身红海，开启一场注定不会赢的战争，令人扼腕痛惜。

避坑地图

在资源有限的酒店竞争战场上，模仿者就如邯郸学步，是走不好投资之路的。

从来没有任何一家企业和个人，是通过模仿他人而成功的。演艺圈里，那些顶着前辈标签的明星，像"小张柏芝""小巩俐"，层出不穷地冒出来，又一阵风般消散，除非她们能另寻到真正适合自己的赛道和人设。

定位三叶草模型中，为什么要综合分析客户、市场、自己三者？

因为定位一定要考虑竞争对手的动作，别人做了的产品，你就不要再复制了；别人占了的地盘，你就不要再贸然强攻了。宁做兵头，不做将尾。不同，胜过更好；简单，胜过复杂。

【踩坑小结】

出征前，先搞清楚方向，如果方向错了，越努力离目标越远。

作为重资产投资项目的掌门人，如果因一己的无知、无能，未能在立项之初做好定位、评估，选错了项目，将宝贵的资源，虚掷于错误的地方，很可能会拖着股东、拖着团队，走向毁灭。

所以，系统地学习定位知识，提高把控投资方向、配置资源的能力，是摆在每一位掌门人眼前最迫切的任务。

第四节 投测

"酒店五年能回本吗？"

通过前面的调研，我们提出了酒店定位假设，并据此做出了产品线建议。接下来，需要通过测算来验证方案可行性。

本节来聊聊酒店投资测算方法。

作为新手掌门人，许多人对酒店经营并不熟悉，甚至连基本概念都一知半解，所以在测算前我们先来了解一下相关概念。

本节给出的测算方法，主要围绕酒店投资回报率展开，这是一种静态分析法，是酒店投资最基础的入门算法，理解了它，就能举一反三，进行更精细的预测。

对投资人来说，能自己运用测算表验证酒店不同定位下的财务数据，辅助投资决策，是责无旁贷的基本动作，一个连账都不会算的掌门人，不配去创业。

【投测概念】

投资回报率 ROI 是衡量企业经营水平的重要指标，它具有横向对比性，在实际中，常用于对不同酒店项目进行"横比"，是投资人做出投资决策的重要依据。

ROI 的计算方法以估算为主，计算公式为：投资回报率 = 年平均净利润 ÷ 投资总额 ×100%。假设你开了一家酒店，总投资额 2000 万元；年平均净利润 200 万元，酒店投资回报率为 200 万 /2000 万 ×100%=10%。

所以计算投资回报率的前提，是搞清楚净利润和投资总额。

净利润：

净利润 = 主营业务收入 − 运营成本 − 主营业务税金及附加 − 所得税

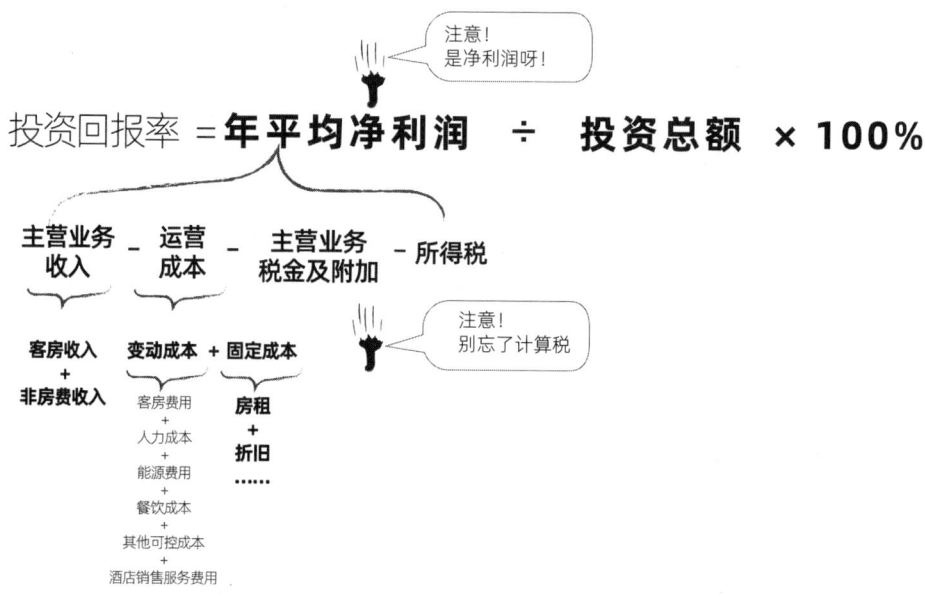

投资回报率 = **年平均净利润** ÷ **投资总额** × 100%

注意！
是净利润呀！

主营业务收入 − 运营成本 − 主营业务税金及附加 − 所得税

注意！
别忘了计算税

客房收入
+
非房费收入

变动成本 + 固定成本

客房费用
+
人力成本
+
能源费用
+
餐饮成本
+
其他可控成本
+
酒店销售服务费用
……

房租
+
折旧
……

（1）主营业务收入

主营业务收入 = 客房收入 + 餐饮收入 + 会议收入 + 其他收入

对中端有限服务酒店来说，主要收入来源包括客房收入、餐饮收入、会议收入、会员卡收入、小商品收入等。其中，客房收入为主要收入来源。

客房收入 = 平均房价 × 房间数 × 入住率 × 365 天

餐饮和其他非房餐收入，可按客房收入的一定比例估算，如 5%、8% 等。

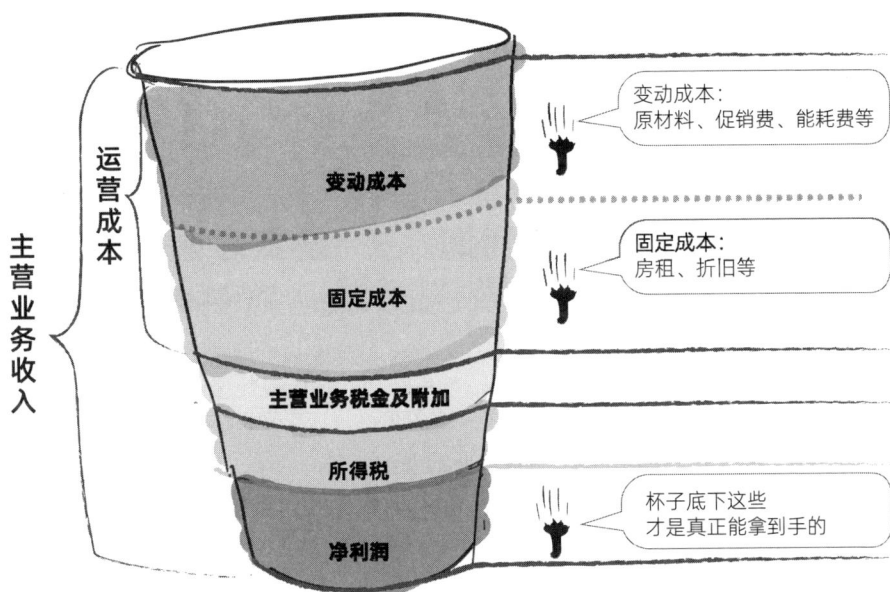

（2）运营成本

运营成本＝变动成本＋固定成本

变动成本是指和销售额成正比，或为了直接获取销售额的费用，通俗说就是随收入变化而变的费用，如能耗费、布草费、原材料费、推广费、销售提成佣金等。

固定成本是指和销售额不成比例，或为了酒店长久发展而投入的，维持酒店正常运营而花费的成本，通俗说就是哪怕本月不开张，收入为零，也必须支出的成本，如房租、折旧（未计提完毕时）等。

（3）主营业务税金及附加

税率随公司主体不同和营业收入不同而变化，具体计算方法详询财务人士。

（4）所得税

所得税＝应纳税所得额 × 税率－减免税额－抵免税额。

所得税率不是固定的，随公司主体不同和营业收入不同而变化，一般为

25%（具体计算方法详询财务人士）。

投资总额：

投资总额＝工程投入＋前期加盟费＋一次性投资成本＋融资成本（如果有融资的话）

投资回报率 ＝ **年平均净利润 ÷ 投资总额 ×100%**

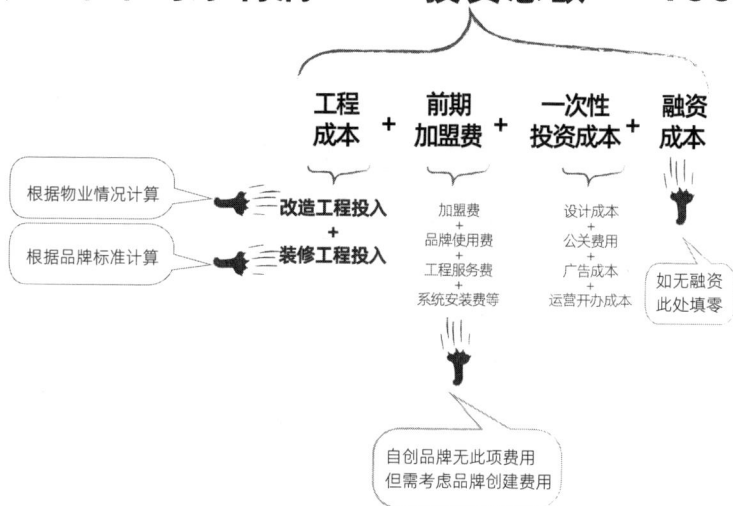

图 4-2　酒店投测支出

（1）工程投入

工程投入＝改造工程投入＋装修工程投入

装修工程投入：在"理想物业状态"下，按品牌标准施工所需的造价。

所谓"理想物业状态"，是指有些物业改造工程量少，拆除费仅估算常规零星拆除，无须改造物业结构、外立面、外窗、同层排水、电梯及电梯井道等，直接就可以按品牌方标准施工，多见于一些新物业、定制酒店物业。若物业情况较复杂，需酌情增加费用。

装修工程投入＝单房造价成本 × 房间数量

头部品牌历经多年沉淀，加之有成熟的供应链保障，基本可实现在造价范围内完成工程。有些非常自信的品牌，甚至敢将此造价签入合同中，如投资人在实际施工时，造价超出 10% 的部分，由品牌方来出资。

所以这部分费用预估，投资人可以参照品牌方的《新建店造价标准模型》。

但现实中，我们租赁的物业，大部分达不到"理想物业状态"，需要先整容：较大规模的拆除、钢结构加固、外窗增改、外立面和屋顶修缮、同层抬高、电梯及电梯井道增改等，一系列的"改造"后，才能达到"理想"的施工条件，这就涉及了"改造工程投入"。

改造工程投入＝拆除投入＋加固投入＋外窗投入＋同层抬高投入＋电梯及电梯井道投入＋化粪池改造投入＋屋顶保温防水投入……

这个改造工程投入差距极大，视物业具体情况，从十几万元到上千万元都有可能，有时大到超出投资人的想象力（这也是第三章第一节中介绍的内容）。

（2）前期加盟费

这是加盟酒店独有的费用，前期加盟费＝加盟费＋品牌使用费＋工程服务费＋系统安装费等。

加盟费：业主加盟一个品牌必须支付的费用，为一次性付费。一般来说，酒店品牌公司按客房数来计算加盟费，如 2500 元 / 间 ×100 间客房 =25 万元；有时在某些地域也可能按最低标准收费，如总价 15 万元。各品牌的取费标准不一，取决于品牌影响力的大小。

工程服务费：对酒店品牌而言，无论委托管理还是特许经营模式，酒店要实现的硬件标准、为客户提供的入住体验、服务标准都是一样的。因此，投资人在建造品牌酒店时，必须执行品牌标准。大品牌有一个专业技术团队，来指导业主按品牌的改造、机电、内装、样板间要求进行建造，监督酒店筹建过程中，各项施工是否达到品牌方指定标准，以确保工程质量。

工程服务费属于一次性付费，不同连锁品牌收费标准不同，如 5 万元 / 店、1 万元 / 月等，各家对工程的质量监管力度也大不相同，有的贴身相助，有的只是走个过场。

系统安装费：这个系统是指酒店前台使用的 PMS 系统。有的品牌方系统是自主研发，有的是购买的第三方系统。

对自主研发的系统而言，此项费用属于"知识产权性"费用；

对购买第三方系统的，此项收费属于"分销性"收费，品牌方有可能会赚取"中间商"差价。

系统安装为一次性付费，从几千元到几万元不等。但安装之后，还需要持续性支付"系统使用费"，即系统的售后服务，多为按月支付，如800元/月。

前期加盟费用的明细和费用，各品牌名目不同，收费标准不同，投资人可以咨询品牌开发人员，这部分费用相对透明，所占比例不高。

非加盟酒店没有此块费用，但自创品牌另需投入品牌创建、推广的费用，用以树立品牌知名度，沉淀品牌资产，此处不再展开叙述（了解更多自创品牌的信息，请阅读第五章第三节）。

（3）一次性投资成本

一次性投资成本＝设计成本＋公关费用＋广告成本＋运营开办成本

设计成本含客房、公区、门头方案和施工图；

广告成本含酒店门头店招、开业宣传费用、开业庆典费用等；

运营开办成本含酒店证照费用、首次开店客房床品布草、酒店运营用品、空气治理费用、开业保洁费等。

（4）融资成本

酒店如有融资，须计算筹建期利息支出。

了解了相关概念后，接下来，我们借助表4-1来进行测算。

【投测工具】

表 4-1　酒店投测

	项目	单位	说明
基础信息	总面积	㎡	建筑面积
	总租金	元/年	如果有租金递增，需计入
	房间数	间	根据初排图估算
	单房面积	㎡	包含公区和设施配套的公摊
	单房租金	元/间·年	总租金/房间数
投资总额	改造工程投入	元	拆除、加固、同层抬高、电梯等改造类工程
	装修工程投入	元	按酒店定位的造价标准预估，单房造价 × 房间数
	前期加盟费	元	加盟费＋工程服务费＋系统安装费等，单体店无此项
	一次性投资成本	元	设计费＋开办费＋广告费等
	总投资	元	改造工程投入＋装修工程投入＋前期加盟费＋一次性投资成本
团队成本	员工数	人	中端酒店按人房比 0.2 计算 具体岗位和人数可咨询品牌方
	工资总额	元/年	月均工资 × 人数 ×12 月
收入	平均房价	元/间·晚	根据周边酒店市场预估
	年均入住率	%	根据周边酒店市场预估
	年均客房收入	元	平均房价 × 房间数 × 入住率 ×365 天
	年均餐饮收入比	%	按客房收入的一定比例估算，如 5%
	年均餐饮收入	元	客房收入 × 餐饮收入比
	总收入	元	年均客房收入＋年均餐饮收入

续表

项目	单位	说明
主营业务税金及附加	元	
客房费用	元	客用品、客房洗涤费等
人力成本	元	工资＋社保＋福利等
能源费用	元	水费＋电费＋暖气费等
餐饮成本	元	
其他可控成本	元	应酬、维修、办公、通信等费用
酒店销售服务费用	元	渠道费、销售费、佣金等
加盟管理费	元	按总收入的一定比值计算，详询品牌方 单体店无此项费用
成本税金合计	元	主营业务税金及附加＋客房费用＋人力成本＋能源费用＋餐饮成本＋其他可控成本＋酒店销售服务费用
经营毛利	元	总收入－成本税金合计
租金	元	
折旧	元	折旧保留 5% 残值，按一定年限折旧
固定费用合计	元	租金＋折旧
营业利润	元	经营毛利－固定费用合计
财务费用	元	主要为利息支出
税前利润	元	
所得税	元	税前利润 × 税率，足额纳税
净利润	元	税前利润－所得税
投资回报率	%	净利润／总投资
投资回收期	年	原始投资额／年现金净流量（年净利润＋年折旧）

变动成本：客房费用、人力成本、能源费用、餐饮成本、其他可控成本、酒店销售服务费用、加盟管理费、成本税金合计

毛利：经营毛利

固定成本：租金、折旧、固定费用合计

利润：营业利润、财务费用、税前利润、所得税、净利润

回报：投资回报率、投资回收期

【使用方法】

为便于理解，我们虚拟了一个项目，示范一下投测表（表4-2）的使用方法。

案例背景：某二线城市的一家加盟酒店（为阅读方便，各项数据取整数）。

表4-2　酒店基础信息

	项目	单位	金额/数量	占比	说明
项目基础信息	总面积	㎡	4000		建筑面积
	总租金	元/年	2800000		
	房间数	间	100		根据初排图得出
	单房面积	㎡	40		包含公区和设施配套的公摊
	单房租金	元/间·年	28000		包含房租递增

第一步：估算相关数据

我们逐项来估算投入、收入、成本等数据。

（1）投入

该酒店定位中端商务酒店，加盟了连锁酒店SS品牌。单间造价标准为12万元/间。因酒店为老旧物业翻新，所以改造工程量较大，各项投入如下（表4-3）：

表4-3　酒店投入

	项目	单位	金额/数量	占比	说明
投入	改造工程投入	元	2000000		包含拆除、加固、同层抬高、外立面保温、更换窗户、加装电梯等改造类工程
	装修工程投入	元	12000000		品牌方造价标准12万元/间×100间
	前期加盟费	元	270000		加盟费20万元（2000元/间×100间）+工程服务费5万元+系统安装费2万元
	一次性投资成本	元	1900000		设计费30万元（3000元/间×100间）+公关费用40万元+广告费20万+运营开办费100万元
	总投资	元	15470000		改造工程投入+装修工程投入+前期加盟费+一次性投资成本

（2）收入

逐项填入平均房价、房间数、入住率，计算出总收入（表4-4）。

表4-4　酒店收入

	项目	单位	金额/数量	占比	说明
收入	平均房价	元/间·晚	350		根据周边酒店市场预估
	年均入住率		90%		根据周边酒店市场预估
	年均客房收入	元	11497500		平均房价 × 房间数 × 入住率 ×365 天
	年均餐饮收入比		5%		按年均客房收入的 5% 计算
	年均餐饮收入	元	574875		客房收入 ×5%
	总收入	元	12072375		年均客房收入 + 年均餐饮收入

平房房价和入住率是进行投测的核心关键，应尽可能确保数据接近真实，不妨参考该品牌在本城其他门店的实际销售数据，如无其他门店，可参考周边对标竞品的销售情况。投资人要发挥在当地的人脉资源，寻找到竞品的真实销售报表（哪怕是上一年的报表），同时观察 OTA 上竞品在不同时段的售价和预订情况。然后根据酒店经营规律，列出未来五年，十年的 RevPAR、总收入等，取其平均值。测算时，可以按保守、中间、理想三种状态，来分别计算不同经营情况下的总收入，有比较才有鉴别。为方便理解，本项目采用了理想状态的数据。

（3）成本

运营成本 = 变动成本 + 固定成本

变动成本：

许多品牌方聊到变动成本时，会给出一个综合区间值，如"运营成本是80~120 元/间·夜"，这种说法太笼统，建议进一步拆解，详细列出"运营成本"的子项和各项占比，精细化计算（表4-5）。

表 4-5 酒店变动成本

	项目	单位	金额／数量	占比	说明
变动成本	客房费用	元	724343	6.0%	客用品、客房洗涤费等
	人力成本	元	1448685	12.0%	工资＋社保＋福利等
	能源费用	元	362171	3.0%	水费＋电费＋暖气费等
	餐饮成本	元	362171	3.0%	
	其他可控成本	元	482895	4.0%	指应酬、维修、办公、通信等
	酒店销售服务费用	元	724343	6.0%	渠道费、销售费、佣金等
	加盟管理费	元	724343	6.0%	按总收入的 6% 计算

子项成本的占比数据，可以要求品牌方的开发或运营人员提供。投资人在此基础上，结合本地酒店竞争市场，咨询资深的酒店总经理、店长，进行数据的优化，使之更契合现实情况。

固定成本＝房租＋折旧（表 4-6）

表 4-6 酒店固定成本

	项目	单位	金额／数量	占比	说明
固定成本	租金	元	2800000	23%	
	折旧	元	1469650		折旧保留 5% 残值，按 10 年折旧
	固定费用合计	元	4269650		租金＋折旧

第二步：代入表格计算结果

将以上数据填入投测表格，计算利润、净利润、投资回报率等（表4-7）。

表 4-7 酒店投资回报

	项目	单位	金额／数量	占比	说明
利润	营业利润	元	2249433		经营毛利－固定费用合计
	财务费用	元	120724	1%	按总收入的 1% 计算（主要为利息支出）
	税前利润	元	2128709		
	所得税	元	532177		税前利润×25% 税率，足额纳税
	净利润	元	1596532		税前利润－所得税
投资回报	投资回报率	%	10.3%		净利润÷总投资
	投资回收期	年	5.05		原始投资额÷年现金净流量（年净利润＋年折旧）

全表如下：

表 4-8　SS 酒店投测

	项目	单位	金额 / 数量	占比	说明
项目基础信息	总面积	㎡	4000		建筑面积
	总租金	元 / 年	2800000		
	房间数	间	100		根据初排图得出
	单房面积	㎡	40		包含公区和设施配套的公摊
	单房租金	元 / 间·年	28000		包含房租递增
投入	改造工程投入	元	2000000		包含拆除、加固、同层抬高、外立面保温、更换窗户、加装电梯等改造类工程
	装修工程投入	元	12000000		品牌方造价标准 12 万元 / 间 × 100 间
	前期加盟费	元	270000		加盟费 20 万元（2000 元 / 间 × 100 间）+ 工程服务费 5 万元 + 系统安装费 2 万元
	一次性投资成本	元	1900000		设计费 30 万元（3000 元 / 间 × 100 间）+ 公关费用 40 万元 + 广告费 20 万元 + 运营开办费 100 万元
	总投资	元	15470000		改造工程投入 + 装修工程投入 + 前期加盟费 + 一次性投资成本
人力成本	员工数	人	20		按人房比 0.2 计算 管理人员 3 名 + 普通员工 17 名
	工资总额	元 / 年	1448685		平均工资 6000 元左右 × 20 人 × 12 月
收入	平均房价	元 / 间·晚	350		根据周边酒店市场预估
	年均入住率	%	90%		根据周边酒店市场预估
	年均客房收入	元	11497500		平均房价 × 房间数 × 入住率 × 365 天
	年均餐饮收入比	%	5%		按年均客房收入的 5% 计算
	年均餐饮收入	元	574875		客房收入 × 5%
	总收入	元	12072375		年均客房收入 + 年均餐饮收入

续表

	项目	单位	金额/数量	占比	说明
税金	主营业务税金及附加	元	724343	6.0%	按税率计算
变动成本	客房费用	元	724343	6.0%	客用品、客房洗涤费等
	人力成本	元	1448685	12.0%	工资＋社保＋福利等
	能源费用	元	362171	3.0%	水费＋电费＋暖气费等
	餐饮成本	元	362171	3.0%	
	其他可控成本	元	482895	4.0%	指应酬、维修、办公、通信等
	酒店销售服务费用	元	724343	6.0%	渠道费、销售费、佣金等
	加盟管理费	元	724343	6.0%	按总收入的6%计算
	成本税金合计	元	5553293	46.0%	
毛利	经营毛利	元	6519083	54.0%	总收入－成本－主营业务税金及附加等
固定成本	租金	元	2800000	23%	
	折旧	元	1469650		折旧保留5%残值，按10年折旧
	固定费用合计	元	4269650		租金＋折旧
利润	营业利润	元	2249433		经营毛利－固定费用合计
	财务费用	元	120724	1%	按总收入的1%计算（主要为利息支出）
	税前利润	元	2128709		
	所得税	元	532177		税前利润×25%税率，足额纳税
	净利润	元	1596532		税前利润－所得税
投资回报	投资回报率	%	10.3%		净利润÷总投资
	投资回收期	年	5.05		原始投资额÷年现金净流量（年净利润＋年折旧）

注：想要获取完整版"投测"电子表格，请扫码关注苏菌，回复"2"，Excel表内附计算公式，大家只需填写数据，自动生成结果。

扫码关注公众号
获取电子版表格

【好酒店是选出来的】

第三步：验证定位可行性

投测结果可以验证此前定位的可行性：若测算出的投资回报率严重低于预期，甚至十年都回不了本，说明没有投资价值，果断放弃，另寻潜力股；若测算结果较为理想，就可以继续进行更专业的财务测算，反复求证，挤出水分，把控投资风险。

除此之外，投测表还可以用于以下场景：

（1）发现问题所在，制定解决方案。例如，通过测算表发现，导致投资回报率低的主要原因在于改造工程投入过高，而改造工程投入是由物业硬件基础决定的，说直白点就是这栋楼的基础太差了，改造工程较大。针对这种情况，投资人有两种选择：一是要求房东整改完毕后再交付，二是要求房东减免一定的房租。现实中的房东大多会选择后者，那问题就来了，房租减免到什么程度，项目才值得继续做呢？我们再次回到投资测算表，在其他变量皆不动的情况下，只调整房租一项，观察不同租金下的酒店投资回报率变化，如此便可推算出合理的租金，找到租金的可承受上限，从而在租赁合同谈判时占据主动。

（2）对比多个设计方案的经济效益，辅助决策。在酒店设计环节，设计公司通常会提供的多个设计方案，差别在于房间数、客房舒适度和公区配套的不同，最终体现在房间售价和入住率的不同，直接关乎酒店收入。利用投测表对比不同方案的投资回报率，在"好不好看"之外，增加了一个"赚不赚钱"的选择标准，帮助掌门人做出更理性的选择。

（3）对比多个备选品牌的投资价值，辅助决策。到底加盟哪个品牌更好？掌门人可以用投测表分别计算不同的品牌标准、加盟条件和品牌溢价，对酒店投资回报率的影响，选择最优解。

总之，投测表就像一张 X 光片，让我们拥有穿透表象的眼力，发现问题所在。当我们能问出正确的问题时，就离真正的答案不远了。

【测算小结】

很多新手掌门因为不懂业务，不懂财务，对计算项目投资回报率有很强的畏难心理，于是便将项目可行性评估如此重要的大事，假手他人，自己等着听别人建议……这如同将生杀大权拱手让给他人。

身为掌门人，自己不会算账，又看不懂投资测算表，就意味着根本搞不清酒店投资的底层逻辑，经营原则、风险管控，这种掌门人前期立项时选不出好项目，后期运营时也管不好酒店。

附件 调研攻略

> "酒店调研都调什么？"
>
> 新酒店的立项阶段，调研如同医生之望闻问切，能否收集到翔实全面的信息，是保证"诊断"准确、"药方"有效的关键。
>
> 本节来聊聊调研方法。

完整的调研流程包括：确定调研目标→根据目标编制调研计划→收集信息→分析信息→制定决策。本节《调研攻略》设定的目标为：为酒店可行性分析获取相关信息。调研方法：直接征询法、桌面调研法、实地调研法。调研内容概括为"六看"，涵盖宏观经济、中观区域竞争、微观酒店本体研究，我们逐项了解一下。

一看城市

调研酒店所在城市的经济、产业、旅游市场概况等。

- ✓ 人均 GDP
- ✓ 产业结构
- ✓ 居民人均收入和人均可支配收入
- ✓ 人口规模
- ✓ 旅游人口、旅游总收入
- ✓ 城市人文环境
- ✓ 交通体系
- ✓ 未来城市规划

敲黑板：重点了解未来城市规划。

酒店租期至少十年起，我们此刻双脚所站之处，十年前也许还是一片荒郊野地，十年后就进化成了繁华新区，投资酒店应了解区域发展的生命周期，具备前瞻性投资意识。

二看商圈

调研酒店所处商圈的属性、特点，以及影响商圈规模变化的各项要素。

- ✓ 商圈层级
- ✓ 商圈辐射范围
- ✓ 商圈所处生命周期
- ✓ 商圈性质
- ✓ 商圈交通网
- ✓ 商圈消费者类型

敲黑板：重点了解商圈性质。

商圈是酒店生长的土壤，直接决定了酒店未来的客户来源和结构。不同的商圈，客户数量和质量相差悬殊，是酒店选址、定位、评估的重要依据。

调研商圈概况时，可借助一些互联网工具，如 BH Pro、酒店之家、厚海数据等都有一定的市场调研功能，可以迅速建立对商圈的基本认知，但工具可用于辅助调研，不能取代实地勘测。

三看市场

调研区域内酒店市场发展阶段、历史供求、销售情况等。

✓ 区域酒店市场特征
✓ 区域酒店历史供求
✓ 区域酒店业绩分析
✓ 区域酒店市场发展阶段
✓ 不同档次酒店情况
✓ 潜在新增供给
✓ 未来市场前景预估

敲黑板：重点了解区域酒店市场所处的发展阶段。

区域酒店市场发展可分为四个阶段：

萌芽期：区域内商业物业增加，人气增加，片区生机盎然，有前瞻性的投资人战略性进入片区，未来发展潜力大，但风险也高。

快速增长期：区域内商业物业供应量稳定而持续增长，酒店供应和需求双增，酒店物业紧俏，租金水涨船高，投资人认可区域商业价值，有知名品牌进入。如果此时进入，可以尽享区域快速发展的红利。

成熟期：区域内酒店云集，竞争加剧，价格战愈演愈烈，淘汰速度加剧，马太效应显现，整体渐趋供需平衡，甚至供大于求。如果此时进入，将直面激烈的红海竞争，利润被压低。

衰退期：市场平稳而缺乏生机，竞争格局已固化，新增酒店数量放缓，如同强弩之末，此时进入，将面临逐渐萎缩的市场。

四看竞品

调研主要竞品酒店的定位、卖点、销售情况等。

- ✓ 同档次酒店历史供求
- ✓ 同档次酒店排行榜
- ✓ 主要竞品酒店竞争力分析
- ✓ 竞品酒店用户画像
- ✓ 竞品酒店定位分析
- ✓ 竞品酒店营销手段

从哪里获取这些信息?

（1）OTA 观察：通过 OTA 可以获取许多信息，要注意的是了解售价和销售情况时，要分多个时间段观测，才能更准确地反映销售规律。

（2）亲身试住：照片有时是"照骗"，亲临现场感受产品设计、装修品质、客房服务，能更好地了解竞品。

（3）同行打探：借助人脉渠道，刺探真实销售情况。如果能获取较长时间段内的销售数据，更有助于窥探酒店的真相。

敲黑板：重点了解竞品竞争力分析。

从位置、品牌、产品、景观资源、配套资源、内部设施配套等多个维度进行横向对比，制作产品价值点对比图。

五看自己

调研自身地段价值和资源。

- ✓ 配套资源，指酒店周边的商务、商业、休闲配套资源，满分 5 分，权重 20%；
- ✓ 景观资源，指周边的景观、旅游资源情况，满分 5 分，权重 20%；
- ✓ 交通资源，指交通路网情况，便捷指数，满分 5 分，权重 25%；
- ✓ 客户资源，指附近有哪些主要客户来源地，酒店与其临近的距离，满分 5 分，权重 35%。

计算单项得分，四项相加得出项目总得分：>4 分，适合投资；3.5~4 分，尚可；3~3.5 分，要谨慎；<3 分，建议直接放弃（表 4-9）。

表 4-9　项目自评

评估维度	项目地块描述	评估得分（满分 5 分）	评分权重（总分 100%）	单项得分（得分 × 权重）
配套资源	老城区，繁华主路边，商业氛围醇熟与多所高等学院及小商品市场为邻	5	20%	1.00
景观资源	周边缺乏景观资源 沿街为小型街铺，由市政统一进行亮化工程	2.5	20%	0.50
交通资源	主干道十字路口，项目可达性好 但老城区车道不宽，堵车较严重	3.5	25%	0.88
客户资源	1.5 千米范围内有：大学 3 所；专业市场 2 个；大型医院 2 家 周边写字楼林立，商务氛围浓厚 有较强的商务需求、休闲需求、就医需求等	4.5	35%	1.58
小计			100%	3.95

敲黑板：重点了解客户资源。

考量酒店周围有哪几类需求，如商务需求、会议需求、旅游需求等，酒店与这些需求来源地的距离、车程、步行时间等。

六看顾客

调研酒店主力客户的用户画像、行为特征等。

✓ 该地区主要消费者类型和特征

✓ 竞品酒店的用户定位

✓ 自家酒店的用户定位

✓ 不同细分顾客的用户画像、使用场景和需求、痛爽点敲黑板：重点了解主力用户是谁，购买特征如何，什么时候买，从哪儿买，如何买，为何要买？

调研"六看"，如同医生的"四诊"——通过望闻问切获取全面、准确的信息，才能支撑"诊断"的正确性。

调研考验细心、耐心、责任心，也考验沟通力、思辨力、执行力，非常适合新创业团队练兵。通过一轮轮的调研、分析，让员工加深对位置的理解、对竞争环境的理解，为将来开业后项目的运营打好基础。

8

第五章
定品牌关

亲爱的投资人：

此刻的你，通过评估确认了酒店的可行性，眼下的任务是确定酒店品牌。

投资人面临两个选择：

一是抱个大腿，加盟一个成熟品牌；

二是从 0 到 1，创建自己的新品牌。

前者，背靠大树好乘凉，可以短平快地享受品牌红利和赋能，但也必须遵守品牌方的游戏规则，负担品牌长期的管理费用；后者，可以自己当家做主，并有机会培育一个"未来之星"，享受长尾红利，但也要面临品牌孵化失败，酒店销售受困，前期投入打水漂的风险。

让我们跟随老猫，来看看选品牌关会遇到哪些问题吧！

FIVE
定品牌关

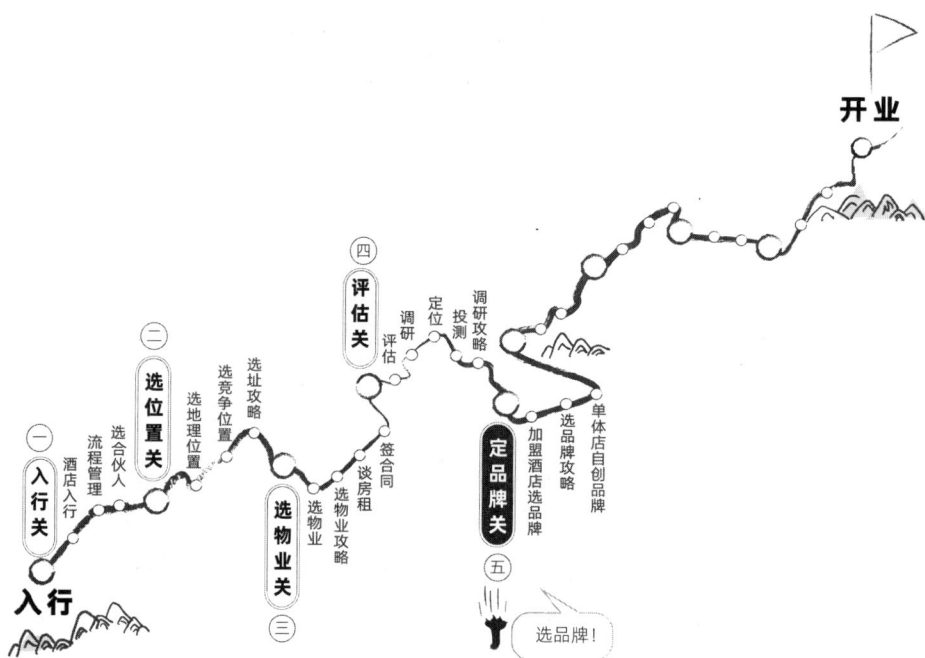

开业

（四）
评估关

调研攻略
投测
定位
调研
评估

（二）
选位置关

选址攻略
选竞争位置
选合伙人
流程管理
选地理位置
酒店入行

（一）
入行关

入行

签合同
谈房租
选物业攻略
选物业

（三）
选物业关

单体店自创品牌
选品牌攻略
加盟酒店选品牌

定品牌关

（五）

选品牌！

本关目标：确定品牌

本关任务：确定自创品牌还是加盟品牌，如果加盟，选择什么品牌

本关用时：15 天左右

本节导航：

【加盟酒店选品牌】【选品牌攻略】【单体店自创品牌】

酒店投资
避坑地图
好 酒 店 是 选 出 来 的

第一节 加盟酒店选品牌

> "××品牌怎么样？加盟它能赚钱吗？"
>
> 加盟品牌决定了酒店的档次、产品、价格、营销，关乎酒店的知名度、美誉度、忠诚度。一旦酒店选错了品牌，明珠暗投，好酒店也会从"印钞机"变成"碎钞机"。
>
> 本节来扒扒选品牌时常踩的那些坑。

【关于品牌】

目前国内酒店市场中有近 500 个品牌，乱花迷眼，抉择艰难。如此纷繁的酒店品牌海洋中：

哪些是"真品牌"，哪些只是个"名字"？

哪些是"千足金"，哪些是"镀金"？

哪些是"真国际"，哪些是"山寨货"？

哪些是"软品牌"，哪些是"硬品牌"？

衡量品牌实力的标准是什么？选择品牌的依据是什么？很多新手投资人对此模棱两可，所以我们在讲坑前先科普品牌相关的背景知识。

（1）品牌概念

何为品牌？是能让消费者识别，并区别于其他竞品的具有显著特征的标记。

可以理解为：顾客对一家酒店能做什么，做到何种程度，对应何种价位的一个认知标签。说白了，品牌代表了一份信任：

对 C 端（消费者）来说，品牌的价值在于减少购买决策成本；

对 B 端（加盟商）来说，品牌的价值在于提高溢价，提高复购率。

一个酒店品牌的价值，体现在品牌形象、会员系统、预订渠道、采购平台、管理体系、人才储备和运营能力等方面，这些维度也是衡量品牌实力的因素。

（2）品牌简史

国内酒店品牌历史短暂但精彩：

20 世纪 80 年代：一片冻土。彼时的人们还不知有"品牌"，只知机关"招待所"。酒店业处于萌芽前期。

20 世纪 90 年代：春风催萌。改革的春风，吹绿了酒店市场。随着改革开放，希尔顿、索菲特、喜来登、万豪等国际品牌竞相涌入国内，带动国内酒店业发展。

2000 年：花团锦簇。政策红利，中产崛起，带来酒店的黄金十年，经济型酒店姹紫嫣红；进入国内的国际酒店管理公司超过 60 个品牌，可谓万紫千红。此阶段业主越来越认可品牌对酒店资产的附加值，品牌膜拜，非理性开发蔓延。

2010 年：丛林大战。此阶段酒店品牌引入资本化运作，酒店集团通过收购、合并、注资、合作开发等方式，快速实现品牌延伸和扩容。各大酒管公司旗下的品牌数量暴增，启用不同品牌来争夺细分市场。中央八项规定出台后，酒店市场重整，业界对品牌的看法回归理性，品牌和投资回报率挂钩，丛林大战的结果是弱肉强食。

2020 年：多元共生。此阶段 Z 世代成为主体，酒店业为迎合新消费群体，千人千面的"多元细分"，逐渐瓦解曾经千篇一律的"标准化"，涌现出一大批"软品牌""生活方式品牌"概念，跨界玩家涉足酒店市场。

（3）品牌分类

提及品牌，"度假酒店品牌""中端品牌""商务酒店品牌""会展酒店品牌""生活方式品牌""软品牌"……这些叫法常挂嘴边，似乎谁都懂，细究又有几分迷惘。

其实，这些叫法分属于不同分类方法，就像鲨鱼和飞鸟，不能混为一谈。

拿"度假酒店"来说，这是按客人入住目的进行的分类，诸如商务酒店、会议酒店、旅游酒店、博彩酒店等都是基于入住目的而进行的分类。

"中端酒店"则是按档次进行的分类，档次从低到高依次为经济型、中端、中高端、高端、豪华、奢华酒店。

"会展酒店"则是按场景分类，诸如机场酒店、主题乐园酒店、滑雪场酒店等都避于这类分法。

其他的分类方法还包括按酒店留宿时长分类、按酒店设施或服务方式分类、按规模分类、按等级分类等。

近年来，随着多元的新消费群体粉墨登场，催生了一组新概念：软品牌和硬品牌。

硬品牌：有硬性要求之意，即严格使用固定唯一的品牌名；严格统一品牌视觉表达；严格按品牌的硬件设施标准和服务流程标准……加盟硬品牌的酒店，就像用一个模子刻出来的。

软品牌：酒店加入一个联盟性质的平台，可以保留原名，无须遵循硬性的品牌标准，只需符合品牌核心的价值理念和品质要求即可，该平台只提供预订、营销推广渠道，不参与运营。软品牌是迎合 Z 世代个性化需求，顺应"去标准化"需求的产物。优势是个性、亮点、充满惊喜。

本节所提及的品牌坑，主要针对硬品牌而言。

带着这些品牌背景知识，我们将视线放回到老猫身上，跟着他看看选品牌时有哪些坑。

【老猫踩坑】

老猫的九条命，第五条命殒品牌关。

他的选品牌之旅，一波三折。起初本想加盟某中端商务品牌 A，因他本人出差就常住在 A，且身边朋友对其评价也都不错。但不巧的是，附近已经先开了一家，他没法再开新店了。

老猫只能退而求其次，将视线转向了另一个中端品牌 B。

　　相较于 A,B 品牌的市场占有率不高，但老猫颇喜欢它的设计风格，知性、雅致，浓浓的文艺范儿，在一众同质化的酒店设计中，令人耳目一新。而且，B 品牌的商务条件优惠力度很大，品牌方承诺会按旗舰店的服务标准支持它，这让老猫备感安心，遂欣然签约了 B。

　　然而，现实的冷酷击碎了曾经的绮梦，酒店开业后，惨淡的生意，让他后知后觉地意识到，选择 B 是一个"错位"的选择。

　　档次错位：中高端品牌落在待发展的新区，如同将娇气的蝴蝶兰种在了戈壁滩上。

　　客群错位：品牌的目标人群为改善型客群，和本地的刚需商务客源，明显不是一路人。

　　产品错位：品牌着力打造的文化价值，和周边商旅客群的需求不匹配，犹如给兔子喂鱼骨头。

　　以上种种错位，让酒店"曲高和寡"，销售遭遇寒冰，连房租都赚不出来。

　　老猫每次进店，一看到偌大的冷冷清清的文化展览空间，就气不打一处来：这破玩意占据了最贵的大堂租赁面积，却鲜有客户走进其中，压根无法为客户创造独特的记忆点！更创造不了经济价值。老猫捂着滴血的心，隔出一块空间，改成茶室，换回一点租金。

　　午夜梦回，老猫有时也会遥想当年：如果当初他选了另一个品牌，会不会是另一番光景？

　　可惜，世间没有"如果"。

【踩坑分析】

　　老猫选错品牌，根源在于没有从酒店定位出发，选择高契合度的品牌。

　　很多投资人犯过类似的错误：选品牌时，不是从酒店定位出发，而是从个人偏好出发，陷入加盟条件、商务优惠的计较中。明明自家的酒店是个大头娃娃，偏挑了顶小帽子来戴；明明自己是个猛张飞，偏挑了双绣花鞋来穿。

对投资人来说，选择加盟，成本并不低，包括前期加盟费、加盟管理费、工程筹备金、工程服务费、系统安装费、系统使用费、中央预订系统服务费等，某些品牌的加盟商，每月支付给品牌方的费用，甚至高达销售额的10%以上！投资人付出这么高的代价还要坚持加盟，目的很明确：换取酒店品牌更大的赋能——借着加盟，站到巨人肩膀上，分享成熟品牌的形象力、美誉度和公信力；打包复制其产品、标准、服务；享受其会员规模带来的流量加持、溢价能力加持等，从而更高效地传递酒店定位，嫁接优势，在区域竞争中站稳脚跟。

选择品牌的终极目的是扩大销售，增加利润。

但能否实至名归地享受到这些"好处"，关键看投资人能否真的从酒店定位、当前刚需，以及自身实力出发，选到一个"对"的品牌。

如果没选对品牌，轻则张冠李戴，本来想立的形象不伦不类，想要的赋能打了折扣，一堆烂事最终还得投资人自己善后；重则李代桃僵，被渣品牌误导，将原本能打造成"作品"的潜力之星，"作"没了。更让人添堵的是，未来长达十几年的合同期内，还得持续为这次错误埋单，真是花钱买了个窝囊！

说到底，品牌也是一种资源，根据自身定位来选配资源，才不会削足适履。

【常踩之坑】

坑 46：选了名不副实的品牌

指投资人碰上了以次充好的品牌，其品牌实力与宣传严重不符，承诺的赋能没能兑现，酒店被"渣品牌"所骗，芳心错付，常见的名不副实有以下情况。

（1）注水品牌

注水品牌，是指用给门店数量、会员数量等"注水"的方式，给自己脸上贴金的品牌。

常用的注水有：给会员总数"注水"，只要客户在前台留过电话，就算会员，门槛低，会员数自然就"水"涨船高；给活跃用户数"注水"，把早已沉寂的"僵尸粉"包装成活跃粉，夸大商业价值；给本地用户数"注水"，伪装在当地很有影响力等。

（2）边缘品牌

指那些虽然隶属大型酒店集团，但在内部不受待见的边缘化配角。

这类品牌有的是集团为扩大市场占有率，搞出的副牌或占位品牌；有的是实验品牌，面市后因战绩不佳，沦为弃子；有的是收购时的"赠品"，在"亲妈"那就不受待见，现任"后妈"更是放养不管。

如某投资人本想加盟知名品牌 SS，因已被人捷足先登，开发人员便着力推荐同集团内的另一个替代品 S^2，一个在定位、档次、设计都和 SS 神似的品牌，但没什么名气。投资人以为都系出名门，流着同样高贵的血液，便选择了这个"备胎"。

事实上，大酒店集团内部的品牌也不是雨露均沾，而是如同一个金字塔，头部品牌独得恩宠，腰部品牌择优而推，那些脚部品牌，很多有名无实，它们虽然隶属于巨头集团，地位"卑微"，成长性欠佳，无缘集团的资源加持，不能给投资人输血，反而是来吸血的。

（3）画皮品牌

指那种满嘴概念噱头，标榜自己与众不同，实质上全靠 PPT 撑门面的品牌。

随着 Z 世代崛起，酒店圈也兴起一波"新消费品牌"热潮，一群擅长炒作概念的品牌闻风而至，流行什么，它们就整合什么，给自己全身镶满了社交、国潮、IP、生活方式、新消费这些流行热词，伪装出一副炙手可热的畅销模样。俨然代表了年轻人最喜欢的生活方式，代表了未来酒店行业的发展大势。这种画皮品牌代表不了年轻人的追求，只能代表那些上蹿下跳想要收割智商税的投机者。

（4）老化品牌

老化品牌，指那些以前曾风靡一时，但如今品牌形象已经老化、过时，不符合新的消费理念的品牌。

这类品牌昔日也曾是业界之光，在其鼎盛时代，以独树一帜的品牌理念，严苛的品质标准，优秀的投资回报收益而誉满江湖。然而，历史的车轮滚滚，品牌形象已经严重老化，被新生代的顾客划归为"上一辈"的酒店。

和品牌一起"老"去的还有操盘人：当年起家时的那支精锐之师，在南征北战中，练出傲睨业界的运营优势，在投资人心中拥有一流的口碑。可随着企业越做越大，屠龙少年变成了恶龙，充满了傲慢、狂妄，不复当年"想客户之所想，急客户之所急"，心中所想变成了："老子盘子这么大，多你一个不多，少你一个不少！"

（5）萌新品牌

萌新品牌，指那些诞生不过一两年，旗下只有一两家门店，还处在萌芽探索期，就敢开放加盟的品牌。

这类品牌自己都没摸清门道，就敢"复制"标准卖给加盟商。为了诱惑投资人，他们放低加盟成本和门槛，加盟费可以打折，采购也无须平台集采，有些还承诺加盟商只要拓展了新店，就可以返还加盟费，还能拿到"下家"的提成，堪称"画饼"高手。

要知道，单店的成功，"运气"的占比很高——也许只是碰巧遇到了一个好位置、一个好店长而已。其品牌定位和产品设计还有待于市场验证，搞不好，换个地方就现了原型。但它们等不及反馈，迫切地想快速冲量，在"新消费品牌"这个品类成熟前，快速抢地盘，快速规模化，抢占认知，形成规模化壁垒。

对投资人来说，加盟要的是眼前现成的流量注入和品牌加持，而非难以充饥的"未来利好"。一个"养在深闺人未识"的品牌，是没有余力给加盟商赋能的，表面省了点加盟费，背后充满了不确定。

避坑地图

通过 OTA 和某些互联网工具，可以查看品牌在不同城市的开店数量。通过咨询老投资人了解真实销售情况，尤其是入住率、RevPAR、会员销售占比、会员复购情况，以了解品牌在当地的真实影响力。

当地投资人心中都有一个"品牌红黑榜"，有的品牌一提名字，投资人就直摇头，远离这种进了"黑名单"的品牌。

还可以通过搜索指数工具（如百度指数），了解一个品牌的发展历程、所处阶段、未来趋势等。如某品牌十年发展史（图 5-1）。

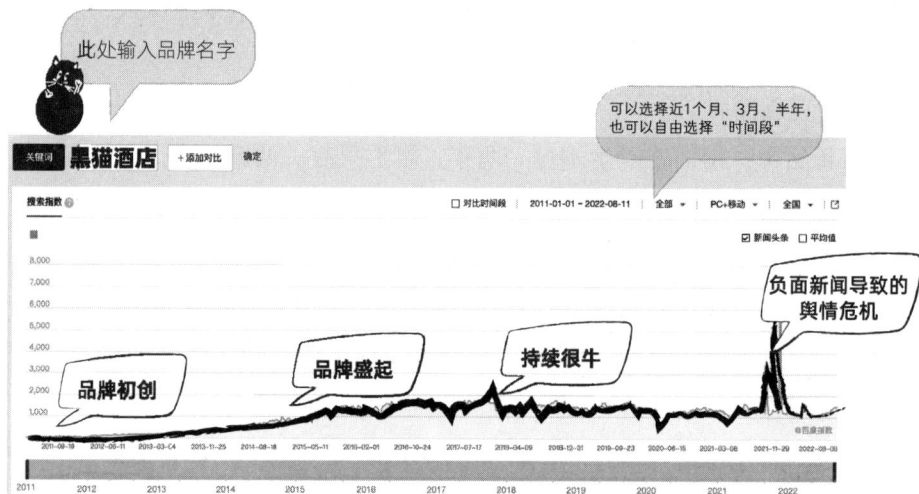

图 5-1　百度指数

我们还可以对多品牌进行对比。如图 5-2，是某酒店集团旗下的三个不同品牌，三条曲线一亮，三个品牌的前世今生和未来，一目了然。

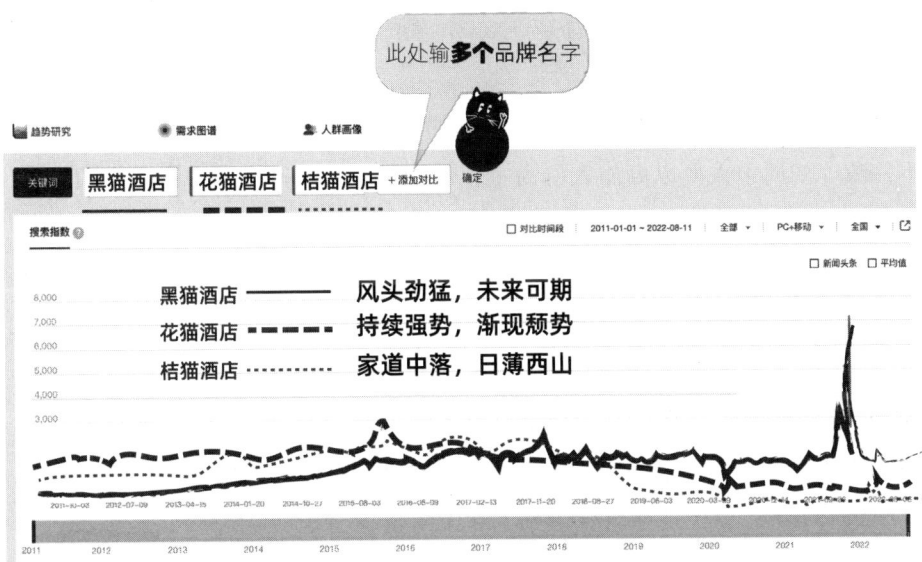

图 5-2　多品牌对比

- 黑猫品牌：自诞生后一路走高，发展到一个高峰后，一直保持着稳健有力发展态势。
- 花猫品牌：势能强劲，经久不衰，但近几年来，颓势渐显，开始走下坡路了。但瘦死的骆驼比马大，增长速度还算可观。
- 桔猫品牌：高起点（远超过黑猫）但在发展到一个小高峰后，家道中落，近年来每况愈下，如今已如日薄西山，进入了衰退期。

是不是有一种开启了上帝视角的感觉？此时再考虑选哪个品牌，就胸有成竹了。

如果发现某品牌自成立以来，搜索数据少到可怜，甚至压根没有被收录，说明品牌势能极其微弱，要么处于萌芽早期，要么萌芽已经失败。这样没有能量的品牌，加盟它又指望获得什么赋能呢？

坑 47：选了互不般配的品牌

有时投资人选的品牌实力没问题，但错在双方定位不匹配，就像宝玉娶了宝钗，彼此都是好人，可就是不般配，勉强捏到一起，双方都很受伤。常见的不般配类型有以下 4 类。

（1）目标用户不般配。指所选品牌的目标客户，和酒店周边的主力客户不一致。如周边人群以商旅人群为主，却选了一个主打亲子家庭客户的品牌，重拳打在棉花上，品牌再牛也发挥不出能量。

（2）物业条件不般配。指所选品牌的品牌标准，和酒店物业条件不一致，如有的品牌大多开在摩登高楼上，外立面光鲜时尚，而自己的酒店物业，却只是一栋灰头土脸的小矮楼，小头戴不住高帽。

（3）区域属性不般配。指所选品牌的位置属性，和酒店所处地段不一致，如有些品牌素来开在繁华的花花世界，而自己酒店所处的位置却在政务中心，气场完全不搭，就像江南软妹子到了黄土高坡。

（4）竞争环境不般配。指所选品牌的定位，和酒店周边竞品相比，缺少竞争力或同质化严重，起不到品牌应有的获客和溢价能力。如周边充斥着经济型酒店知名品牌，却又选择了加盟一家同类品牌，直接杀进了红海市场。

避坑地图

投资人要从自身酒店定位出发，选择和自己目标人群相同、产品 DNA 契合、经营理念一致的酒店品牌。

每一个成功的酒店品牌，都有自己清晰的定位，这是自品牌诞生之初，酒店集团就赋予其独特目标客群、核心价值主张，是一个品牌区别于其他品牌的根本。在长期的品牌孵化过程中，这种区别不断被强化，并烙印到潜在客户心智中，成为"专属印象"。

酒店想要成功，也必须因地制宜找准自己的定位（详见第四章）。投资人在立项时，根据调研结果制定的那个定位，起初只存在于投资人自己的脑海中，只有将这个定位标签成功地种到顾客心智中后，定位才算真的"定"住了，通过加盟和自己定位一致的品牌，将自己和顾客心智中固有的品牌认知绑定，不失为一种快速抢占顾客的捷径，有了品牌加持，可以迅速完成信任度的搭建，促成客户下单。

定位一致的联姻，当客户冲着品牌而来时，酒店的产品符合预期，信任得到了印证，顾客满意之余，还会有下一次的复购；但如果定位不一致，当客户慕名而来时，一进店发现品质打折走样，被欺骗的信任感，很可能愤而化为一星的负评，客户从此把你拉进黑名单。

如何基于酒店定位选择匹配的酒店品牌，将在下一节中详细介绍。

坑 48：选了落地不利的品牌

有时投资人选的品牌实力没问题，定位也没问题，但落地时被打了折扣，未能发挥出全部的品牌价值，常见于以下情况。

（1）区域处于品牌弱势区

品牌在不同城市的发育是不均衡的，各有强势区和弱势区。在某些局部市场，一些全国性大品牌未必干得过"地头蛇"，地方品牌凭借先发优势，抢先占据顾客心智，稳坐区域老大的铁王座。投资人如果不顾当地实情，可能一片芳心错付。

（2）区域团队战斗力不足

品牌承诺的赋能依赖基层员工兑现，项目团队如果缺兵少将，宣传册中承诺的扶持，都将成为空头支票。

新手投资人最初接触的往往是开发人员，这是个非常关键的角色，有时甚至能决定项目是否立项，要求相关人员具备很高的专业度、洞察力，以及诚信、踏实的人品，但某些酒管公司对该岗位的考核机制却非常苛刻，如有的公司以三月为限，逾期没有成交就走人，不开单就没有底薪。在这种 KPI 任务制下，成交就是一切，逼着开发人员为了保饭碗夸大项目收益，甚至昧着良心，把垃圾项目说成潜力股，明知前面是火坑，还把投资人往下推。

品牌方承诺的其他技术支持，也常因在岗人员专业性不足而打折。品牌方大规模的跑马圈地之战中，好的项目经理、店长，供不应求，有的品牌方抽调不出人手，许多新兵蛋子滥竽充数，投资人期望的支持严重缩水，只能自己无奈地摸着石头过河，自己掏着学费，替品牌方培训新人。

避坑地图

酒店无法像标准化产品那样无差别复制，落地效果严重依赖具体执行人员的专业性、服务性等。投资人要了解品牌当地的发展情况，考察本地执行团队实力。

（1）看品牌发展版图

了解拟选品牌的市场区域分布图，察看自己所处的城市，在品牌版图中处于什么样的战略位置：是发轫之地，总部基地，成熟战区，还是未开发的新战区。本地战区距离总部或大区的距离，不能太远，否则恐有远水不解近渴之忧。

（2）看本地办公场所

看品牌方在当地有独立的办公场所吗？有多少固定人员？

有些品牌蜗居在自己旗下加盟店的一隅，就只是一个暂时落脚之处，仅有的几个员工平时都在各地跑业务，根本见不到人。这种临时办事处，组织不健全，岗位不完备，有什么事全靠临时借调，服务频率和质量大打折扣。

（3）看项目主对接人

主对接人是品牌方在当地服务能力的缩影。投资人能接触的多是本地的基层人员，若发现和自己交涉的人，满嘴跑火车，专业很稀松，哪怕这个品牌本身再牛，也需三思而后行。

（4）看企业人力体系

酒店行业属于服务业，服务质量能否兑现有赖于背后的人力资源体系，只有像海底捞那样，拥有诱人的奖励机制和成熟的培训体系，方有可能保证服务的稳定性。

坑 49：选了三观不合的品牌

有的品牌三观不正，漠视投资人利益需求，将自身利益放在首位。

不同品牌的价值观差异非常大：有些品牌视客户为衣食父母，急投资人之所急，痛投资人之所痛；有些则视客户为"一次性碗筷"，只做一锤子买卖，巧立名目侵占投资人利益；还有些视客户为草芥，店大欺客，骄横傲慢。价值观的不同，塑造了不同的服务态度。不同的行为准则。若不幸加盟了一个骄纵短视的品牌，投资人如同给上了一个镣铐。

避坑地图

掌门人评估品牌时，除了权衡硬实力，也不能忽略对软实力，即品牌文化和价值观的考量。

人的三观会通过言谈举止流露，企业的三观亦然，通过官方媒体的发声内容，企业的管理规章，员工的做事风格，可以一窥品牌的企业文化和服务态度。还有一个重要窗口就是品牌对负评的态度。

品牌方处理负评的姿势，透露出其公关策略和企业文化，而公关策略中，藏着品牌的格局。

一个品牌，如果从网上完全找不到负面消息，品牌方可能比较强势，有任何负面信息就被"和谐"掉了，不允许有异声出现；如果对于负面信息能及时反馈，像海底捞那样，给予正面回复和整改承诺，意味着背后有良好的品牌战略和企业文化；如果对于负面消息反应迟钝，一脸漠然，甚至放任其持续发酵到了危机公关级别了，推测其背后的公司运作效率很低下，一旦品牌发生恶性公关危机，加盟商们也难逃池鱼之殃。

【踩坑小结】

选错品牌的代价很大，原本想换取的品牌赋能，成了镜花水月，有些甚至还会被品牌方敲骨吸髓。

有些双方摩擦不断升级，闹到"离婚"收场，投资人不仅面临着支付单方解约的高昂赔偿金，还要承担新老品牌交接期导致的团队动荡、销售下滑，由此带来的利润降低，投资回报降低。

更有甚者，还未撑到开业就彻底反目，投资人只能承担原品牌标准作废造成的损失，更换新品牌只能重新调整设计方案，造成的大量返工浪费，以及因工期延长，开业时间推迟导致的巨大损失。风险和伤害如此之大，更倒逼我们在最初选择品牌时，要提前识坑，防患于未然。

第二节　选品牌攻略

"我适合加盟这个品牌吗？"

酒店品牌乱花迷人眼，眼前这个到底适不适合我？还有更适合我的吗？

本节分享一套品牌自检方式，检验的标准，从此就在自己手中！

选品牌的关键，是选一个能和酒店定位匹配的品牌。

酒店如何定位，主要由"场""房""人""竞"这四个要素决定。而一个酒店品牌的定位，也由这四要素支撑而来。如果品牌定位的四要素，能和酒店的四要素都吻合起来，就像蕾丝手套套到了手指上，两者严丝合缝，该品牌就是那个适合酒店的"良配"。反之则有削足适履之嫌。

第一步：看清自己

清醒的自我认知，是选对品牌的前提。

有个段子调侃：找对象时，不能只看女生长什么样，还得看看自己长什么样。选品牌时，也得先照照镜子看清楚自己。

取一张空白 A4 纸，从中间对折。然后，在左半边画出自家酒店的"场""房""人""竞"（图 5-3）。

（1）场，即所处商圈。在脑中像过电影一样，回顾此前调研时，了解到的酒店所处城市定位、区域属性、商圈性质、交通情况、配套级别等情况，在最外侧的大圈处，写上酒店所处商圈级别和性质。

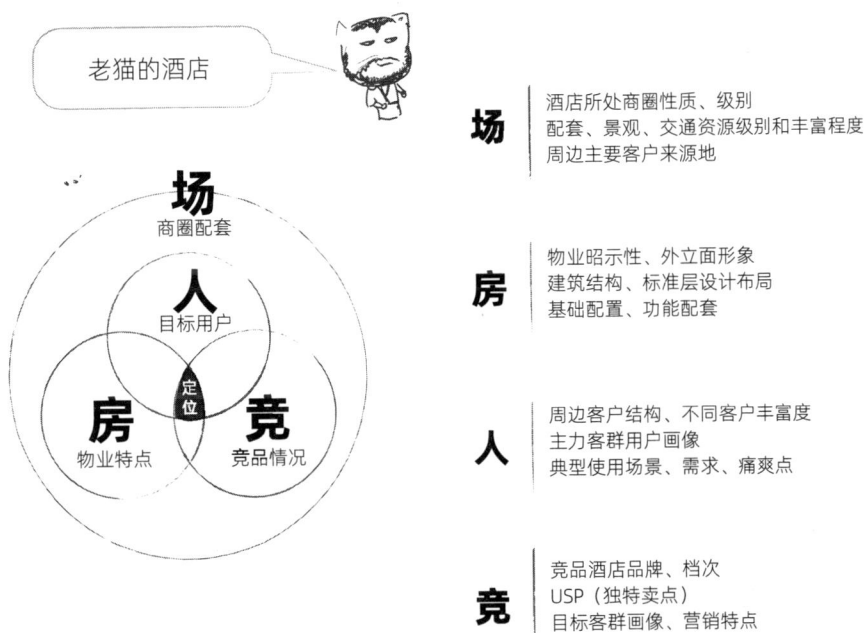

图 5-3 定位四要素

（2）房，即物业硬件。回顾物业勘测时，了解到的有关物业造型、结构方式、层高面宽、大堂形象、设施配套、标准层形式和面积等情况，在"房"圈内，写下酒店物业的最大优势和限制。

（3）人，即细分客群。回顾市场调研时，了解到酒店临近的主要客户需求来源地，主力客户类型、用户画像、用户典型使用场景和需求等情况，在"人"圈内，写下酒店主力客户的类型、特征、痛点和需求等。

（4）竞，即对标竞品。回顾区域酒店竞品调研时，酒店周边的那些直接竞品，在"竞"圈内，写下它们的名字、独特卖点、细分定位。

这四个圈的内容，其实都写在调研报告里，如果前期调研做得扎实充分，此时只需提取、概括。如果觉得脑子里一片空白，不知道填什么，那就要反思调研工作是否到位。

通过左边四圈的总结，看清了自己，接下来要看清品牌。

第二步：看清品牌

如法炮制在纸的右半边，画出拟选加盟品牌的"场""房""人""竞"
（图 5-4）。

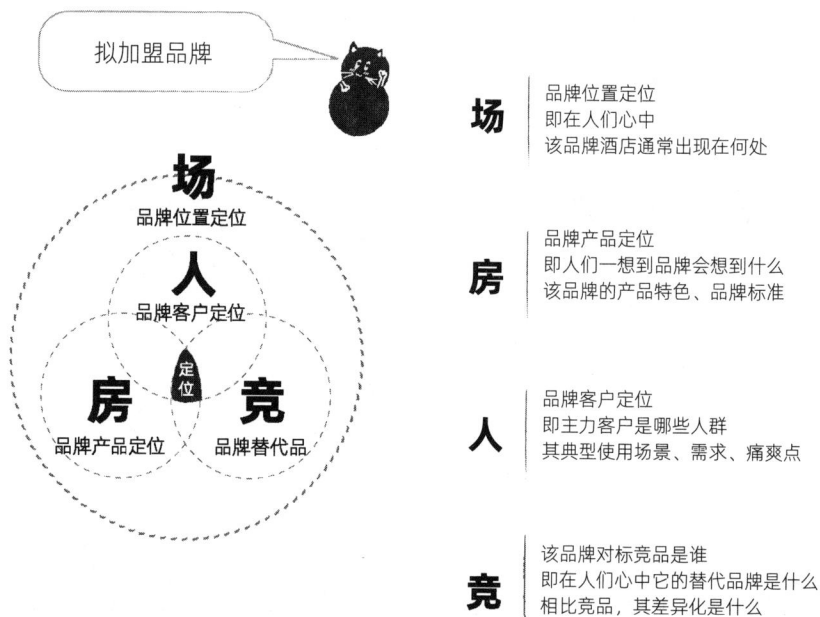

图 5-4　加盟品牌四要素

（1）场。写下在人们心中，该品牌酒店通常会落在哪些地方。优先用名
词来描述，例如，政务中心、CBD、医院旁边等。如果没办法用名词定义，
也可以用形容词来描述，例如，繁华区、富人区等。如果实在描述不出来，
那就先空着——有些品牌的确是填不出来的，因为它还没能在消费者心中占
据一席之地。

（2）房。写下该品牌通常会选择哪类物业，它的产品亮点，如 MOXY
的"万物皆可挂"，书香门第的"阅读空间"、维也纳金碧辉煌的"豪阔门
厅"等。

成功的品牌，都创造了自己的独家记忆，如果顾客回忆了半天，依然没

想起有什么特别的印象，那这个品牌或者没能塑造出亮点，或者没能把亮点传播给顾客，无论哪种情况，都意味着品牌尚未在用户心智中争得一席之地，加盟这种品牌，能获得的赋能很有限。

（3）人。写下该品牌的细分人群是谁。如全季的中端商务精英、W 的潮酷一族、亚朵的文青等。

成功的品牌，都会聚焦于某一个细分群体，围绕目标人群的需求来塑造价值，满足其痛点，创造爽点，从而成为他们在产生相关需求时的首选。有些高明的品牌会在品牌宣传时，直接点出自己的客群画像，让相关客户对号入座，如丽思·卡尔顿的座右铭："我们以绅士淑女的态度，为绅士淑女们忠诚服务。"

（4）竞。写下该品牌在区域市场中占据的竞争地位，本地客户对它的认知。橘生淮南为橘，生于淮北为枳，加盟时必须考虑品牌在本地的落地能力。对拟选品牌在区域市场的表现，一定要体察入微，详细地了解其在当地的覆盖率、市场规模、在营酒店的业绩表现，以及本地客户对它的认知度和口碑情况。

四个圈填完可以更好地看清品牌，知彼知己，才能做对选择。

第三步：看清差距

将左右四圈逐一对照，察看彼此的"重合度"，看看酒店和品牌的般配值（图 5-5）。

（1）对比"场"圈

看酒店所处商圈的性质，与品牌身上的"地段"烙印一致吗？

一家位于火车站旁边的酒店，却选了一个中高端度假酒店品牌，很显然双方"磁场"不合。成熟品牌的基因中，都印刻着鲜明的"地段"属性。就像一提到红富士，就会条件反射般想到烟台；一提到 W 酒店，就会想到大都会之心。品牌身上烙印的"地段"标签，必须要能和酒店所在地属性吻合，否则就像把睡莲种在了沙堆上，花也活不成，沙堆也保不住。

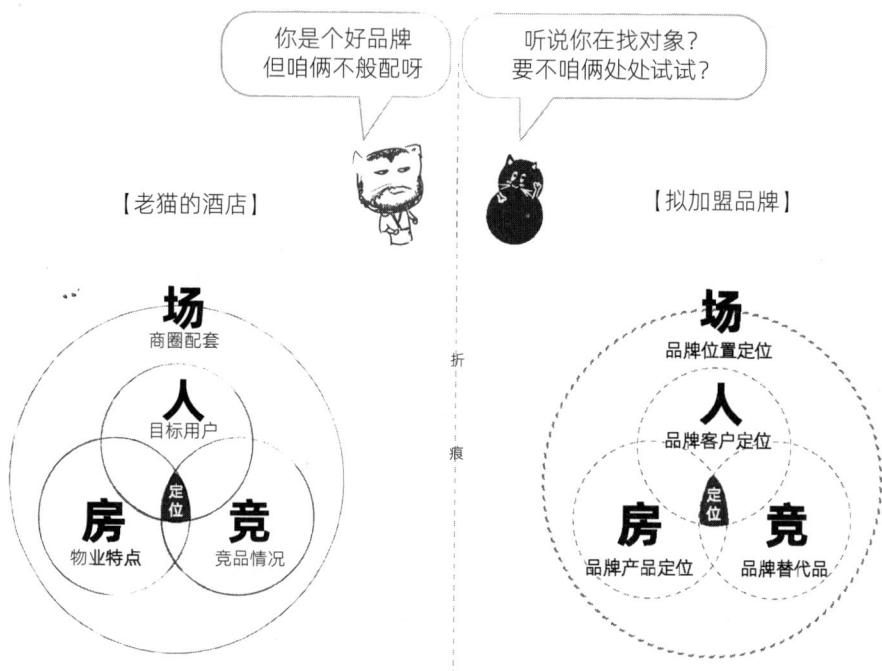

图 5-5　酒店和品牌对照

（2）二比"房"圈

看酒店物业的硬件条件，契合品牌产品定位吗？

如果按品牌标准进行物业改造，是否存在限制条件？改造成本如何？空间利用率如何？坪效是否符合预期？

如某酒店是一栋砖混老楼，原有设计房间布局狭小，可投资人偏偏选了一个房间面积要求较大，且标准化要求高的品牌，这下可惨了——要想符合品牌方的产品要求，那就必须对原始设计进行大刀阔斧的改造，如三房改二房，先不说改造费用之大，单从安全性就行不通，要知道砖混结构的墙体是要承重的，怎经得起如此大拆大改？换一个产品标准和现有格局相近的品牌才是上策。

（3）三比"人"圈

看酒店附近的主力客户，和品牌的目标用户是同一人群？

富人区的酒店，不宜选择经济型品牌；政务区的酒店，同样不适合选择潮牌——酒店周边的主力客源，和品牌的目标人群不是同一类人，那引入这个品牌，就如同把媚眼抛给了盲人。

（4）对比"竞"圈

看酒店周围的竞争战场上，尚有哪些市场机会？拟选品牌能匹配胜任这个机会吗？

如果周边快捷酒店扎堆，身陷价格鏖战，投资人选的这个品牌，却又是一个快捷酒店品牌，无疑又一头扎进红海，即使品牌再强，也免不了陷入重围中，享受不到品牌溢价。

四圈对比是一种粗线条的判断方式，主要用于快速筛掉那些明显不"般配"的品牌，框定出几个备选品牌后，再用第四章第四节中的工具，分别计算加盟后的投资回报情况，作为品牌初筛的依据。

注：对于初筛后选定的品牌，仍需进一步挖掘区域酒店市场经营数据，进行更精准的数据分析，以尽可能降低品牌选择风险。

【品牌小结】

没有最好的品牌，只有最适合的品牌。而这个适合的本质，就是双方定位契合，需求匹配，实力相当。

看透本质的能力，不是天生的，是靠后天大量刻意训练习得。当你散步、等人时，看看身边那一家家酒店，随便挑一家替它"把脉"——在脑海中画出它的定位四圈、加盟品牌的四圈，对比二者的适配度。经常做这样的练习，哪怕你是一个跨行投资的小白，也能很快像媒体人拥有"网感"，球员拥有"手感"一样，建立自己的"投感"。

拥有良好的"投感"，是一个掌门人最有力的核心竞争力。

第三节　单体酒店自创品牌

"自创品牌怎么样？"

相比加盟连锁酒店品牌，自创品牌没有使用费，品牌发展自己做主，品牌资产自己独享，一些投资人便打起了自创品牌的主意。

本节来扒扒自创品牌时常踩的那些坑。

【老猫踩坑】

老猫的酒店在苦撑一年后，黯然摘牌，至此，他的自创品牌之路宣告彻底失败。

当初他决定自创品牌，既有现实利益的权衡，也有理想情怀的考量。

他的店位置优越，周边人流充沛，老猫心里就打起了小算盘：背靠这么大的线下流量，就算没有品牌号召也不会缺客户，那何必还要加盟？省下品牌加盟费和管理费，那不都是纯利润吗？

当然，也不全是为了省钱，老猫也是一个仰望星空的人。这些年来，他住过的酒店不计其数，对各连锁品牌如数家珍，他自信可以博采百家之长，打造一个"不一样"的酒店品牌——一家更懂顾客、更懂投资人，超越那些千篇一律连锁酒店的品牌！这一点理想主义的火苗一燎，老猫的热血熊熊在燃烧，说干就干！

酒店名字是他取的，找人算过，是一个福泽绵长的好名字。酒店设计委托了一家小有名气的室内设计公司，产品颇有亮点，造价也在可控范围。还请广告公司设计了全套的品牌形象标准化规范，希望将来复制第二家、第三家，去做一些招商的尝试。

然而，理想很丰满，现实却很骨感，酒店开业后，客流量远不及期望值，顾客对新品牌心存戒备，不肯轻易尝试，往往要等周边酒店满房后，才会外溢到自己的店。销量起不来，价格更拉不动，量价齐跌。老猫很受伤，做了许多挣扎：地毯式推销，遍访周边大小公司；全员抖音营销，员工人人都在拍抖音；跨界合作，和其他商家一起搞活动……可一顿操作猛如虎，一算收入两块五，合伙人也坐不住了："要不咱别折腾了，翻牌改成加盟酒店吧！"

老猫沉默了，当初那股子挥洒激昂的意气和自信，已经被自我怀疑取代，他向现实低了头。

【踩坑分析】

老猫这次踩坑，因为他低估了自创品牌的难度，再往深里说，根源在于他对品牌的认知存在一定误区。

他以为，取个好听的名字，做好酒店的设计，搞一套 VI，就是"创建品牌"。这是对品牌的极大误解，品牌战略是企业战略的一部分，品牌建设贯穿经营的始终，是一个长期、系统的工程，可不是"表面工程"。

创建一个酒店品牌，需要做好五个环节：

品牌决策：这是做不做的问题。找到对的事，远比把事做对更重要。掌门人要基于外部环境，盘点手中资源，决策自己是否要自创品牌。

品牌定位：想清楚新品牌要为哪些顾客提供哪些独特的价值，包括功能价值、体验价值、文化价值以及经济价值。价值是品牌的基石，是顾客选你不选它的终极原因。

品牌形象：品牌识别的问题，想清楚要在顾客心中建立何种直观印象。

品牌传播：考虑品牌如何才能跨越认知的鸿沟，在顾客心智抢占一席之地，传播要想清楚传播什么（内容），怎么传播（渠道），需要有足够的预算支持。

品牌体验：考虑顾客的体验问题，设计好购买前、中、后的各个触点，让顾客怀着期望来，带着惊喜走，充分兑现品牌承诺，建立良好的用户口碑——在人人自媒体的时代，顾客的评价可以轻易发表，瞬间传递给成千上万的人。

每个环节都需要投入资金成本和时间成本，任何一个环节不当，品牌创建之路都会崩断，前期投放的费用就像放焰火一样，一闪而过，散落成一地的碎屑，无法沉淀下来形成品牌资产。

【常踩之坑】

自创品牌的常见坑，主要集中于这五个环节，任意一个环节的遗漏或不到位，都会影响品牌的创立，让我们分别来看一下。

坑 50：品牌决策不当

有些品牌本不该做，因为它不是基于长远商业战略的考量，而是掌门人被短期利益或其他好处所诱，一拍脑门所做的决策。

例如，有人只是为了省下加盟费、管理费，把自创品牌当成了"降本增效"的手段；有人是为了摆脱连锁品牌标准束缚，以便"自己说了算"；还有人是为了实现其他商业目标，如室内设计公司为了证明自己对酒店产品的理解深刻，和业主合伙孵化新品牌，以便拿下更多的设计业务。不该做品牌时却硬要做，不仅是对资源的浪费，也会把自己卷入巨大的风险。

避坑地图

从 0 到 1 创建一个新品牌的难度超乎想象，势、时、事，三者缺一不可。

势者，指大环境的未来走向。二十年前是酒店行业的快速成长期，彼时有着品牌疯长的肥沃土壤（今天位居榜首的品牌都是那时乘势而起）。时移势易，先发品牌们已各自占据了生态位，后来者想在夹缝中突围很难，只有一些新兴的细分赛道尚存机会，投资人要能判断自己所处赛道的主流方向和长远趋势，贵顺于势。

时者，时机，品牌战略是企业发展战略的子战略，投资人要结合外部环境，基于公司的发展愿景，判断当前是否是自创品牌的恰当时机。

事者，成事的能力，品牌创建严重依赖背后的资源，以及运用资源的能力，考验操盘手能力、团队配置、资源储备，如果缺乏品牌战略实施的保障措施，品牌很难成活。

时势造英雄也造品牌，只有具备创建新品牌的天时、地利、人和，方值得放手一搏。

坑 51：品牌定位模糊

有些品牌创立时，未综合酒店自身条件、竞争环境、客户需求来研判酒店定位，导致新品牌找不准自己的"生态位"，如同浮萍随波逐流。

一个所谓的新品牌，如果无法回答"我是谁""为谁服务""提供什么服务""和竞品有什么区别"，它就只是披着品牌"画皮"的肥皂泡，很快就会幻灭。

避坑地图

品牌竞争的本质就是生态位的竞争，新品牌一旦陷入重合的生态位，将被激烈的竞争伏击，只有找到差异化的生态位才有活路。

自创品牌必须将定位工作放在首位，想清楚酒店将来要解决谁（目标客户）的什么问题（痛点）。并进一步研判该痛点是否真的令人苦恼，是否必须予以解决，是否迫不及待要解决，市场上是否已经有了解决方案，新品牌主要区别于哪个竞品（现有酒店的替代方案），相对于竞品，自身的优势是什么，该优势是否有革新，是否有护城河，是否有颠覆性商业模式，新品牌的投资、收益情况如何。

掌门人不妨借助"品牌屋"工具，对品牌核心基础要素进行结构化的梳理，"品牌屋"是品牌咨询机构的常用工具，行业不同，咨询公司不同，"品牌屋"的结构也不同，但无论怎么变化，品牌定位和价值永远是核心。掌门人可以对照"品牌屋"逐项进行填写，画出自己品牌大厦的"施工图"（图5-6）。

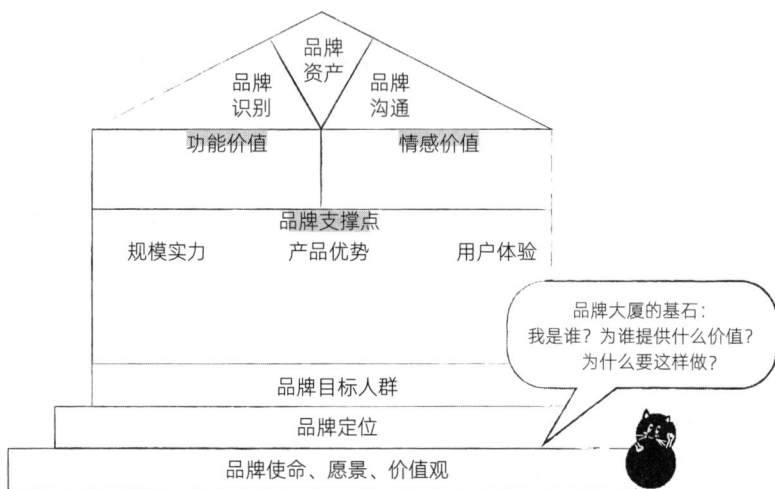

图 5-6 "品牌屋"

坑 52：品牌形象雷同

有些新品牌不"新"，缺乏个性化、人格化的品牌形象，总觉得似曾相识，不利于品牌识别。

例如，有的品牌从取名就模仿大牌，LOGO 设计时也借用知名品牌元素，有的连品牌故事也抄别人的情怀，拾人牙慧，这种自以为聪明的"抱大腿"行为，无助于品牌形象塑造，我们无法通过模仿一个品牌而变成品牌。

避坑地图

信息过剩的碎片化时代，将品牌人格化、IP 化，不失为吸引顾客、建立互动的好方法。

视品牌为人，提炼其人格化的特质，包括：

品牌主张：品牌倡导的精神追求，如丽思·卡尔顿酒店的"我们是为绅士和淑女服务的绅士和淑女"。

品牌个性：品牌性格特征，以手机为例，华为的沉稳，苹果的傲娇、小米的质朴、OPPO 的娇憨，以及曾经的锤子，那个永不妥协的理想主义者。成功的品牌无一不有着鲜明的性格，吸引着"同类"。

品牌口号：Slogan，一句话的口号，像楔子一样，狠狠钉入用户心智。如"爱干净，住汉庭"。

提炼出品牌的人格化特质后，再来设计匹配的外在形象，包括：

视觉识别（VI），我们常挂在嘴边的 LOGO、吉祥物，其实都只是 VI 的一部分；

产品识别（PI），像可口可乐玻璃瓶的造型、苹果电脑的外壳、东方文华的扇子等；

环境识别（SI），在连锁品牌中至关重要，像店内设计、展厅设计等；

行为识别（BI），对直面客户的服务人员的行为规范，高端酒店春风化雨的优质服务，全赖 BI 的设计和执行。

坑 53：品牌传播无力

有些新品牌输在了传播环节，传播的内容、渠道不当，预算也捉襟见肘，导致无法在目标客户心智中种草。

如有的品牌广告还在絮叨着十年前的"自嗨"式内容，殊不知，早被顾客"屏蔽"掉了；有的品牌一味盯着阅读量，盲目地追热点，哗众取宠，传播内容有悖于品牌调性，反而损伤了品牌形象：有的品牌"一毛不拔"，美其名曰"打造私域流量"，成天逼着员工转发朋友圈，搞得员工怨声载道，把转发内容设置成了"仅领导可见"。这些传播方式看似勤奋，实则许多都是无用功。

避坑地图

做好品牌传播，掌门可从这三点入手。

（1）转变传播观念。改从前的"强迫式"广告为"互动式"内容营销。如今的传播环境巨变，强迫式、打扰式广告正在失效，广告必须和消费者兴趣紧密连接，迎合其审美偏好和阅读习惯，才能渗透到顾客认知，这意味着内容变得越来越重要，内容营销成为趋势。

（2）统一传播信息。搭建"品牌屋"，统一传播内容，简化传播信息，杜绝模糊的、频繁变更的传播信息，以便在顾客心中"种草"，建立品牌认知；同时寻找品牌战略性内容平台，即能长期和品牌关联的领域和话题，聚焦于此，让每一次的传播都能"零存整取"，沉淀成品牌资产。

（3）确保传播预算。创建一个新品牌，前期需要投入大量人力、财力，后期也需要保持足够的曝光强度，才能不被遗忘，没钱是万万不能的。

坑 54：品牌体验不佳

有些新品牌经过不懈努力，终于在顾客心中"种草"，可当顾客怀着期望而来时，却发现广告和体验严重不符。

如有的酒店宣传视频拍得精美，可床铺茶盏细节却不堪细看；品牌故事讲得感动中国，可一进大堂冷言冷语非常"冻"人。当品牌承诺兑现不了时，顾客就会感觉被欺骗，头也不回地抛弃你，并广而告之天下。

避坑地图

掌门人可以通过绘制"用户体验地图"，来设计、优化品牌体验。"用户体验地图"本是互联网产品洞察用户痛点和机会点的工具，用在酒店品牌体验优化上也很适用，具体的方法如下。

首先，考虑用户行为的起点和终点，如起点设置为打开 OTA 订票，终点为办理离店手续，在这个闭环中，按时间线切割为"来前""来时""走后"三个阶段。

其次，拆解顾客的行为，找到顾客和品牌的各个接触点，对比在各个接触点时，顾客的预期和实际体验的差距。

再次，分析各个阶段顾客目标，目标实现了，体验就好，反之体验就差。标注各节点的问题点，进行优化。

最后，总结在各个节点的顾客情绪水平，可以用积极、平静、消极这三种情绪水平来表述绘制完情绪图，就能看到痛点了，针对痛点，探索解决方案。

【踩坑小结】

　　一个品牌能成功创建，离不开宏观大势的成全，目前的酒店市场已经进入成熟期，品牌多如牛毛，各细分赛道人满为患，压榨了后来者的生存空间，新品牌想瓜分一块蛋糕太难了。但随着代际更换，Z世代崛起，新势力在孕育，冲击着旧的品牌秩序，这其中或许藏着新品牌崛起的机会，但具体到个人来说，能否借得这个"势"，非常考验掌门人"谋事"的能力。

　　对新手掌门来说，不建议上来就自创品牌，这就像还没学会走，先想着跑，步子太大，容易闪着腰。

8

第六章
融资关

亲爱的投资人:

兵马未动,粮草先行,本关的任务就是搞定资金问题。酒店是重资产行业,即使是租赁型酒店,投资额也相当巨大,筹建期万一资金断链,酒店能否正常施工、如期开业,开业后能否正常运营,都将成为未知数。

融资效率主要取决于两点:

☐ 从创业公司实力出发,制定更匹配的融资方式;

☐ 从金融市场现状出发,选择更易成功的融资渠道。

让我们跟随老猫,来看看融资关会遇到哪些问题吧!

SIX
融资关

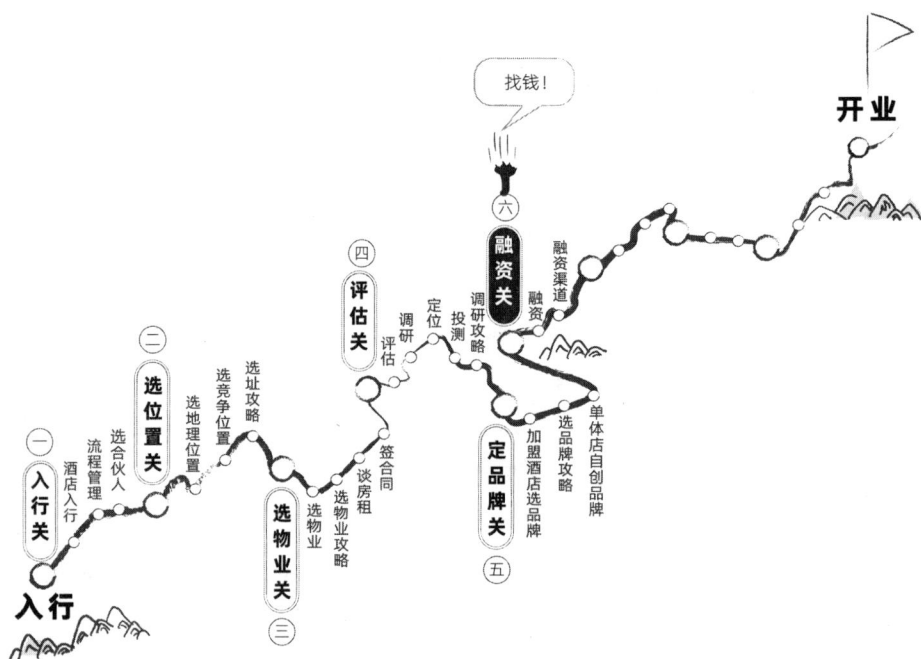

找钱！

开业

（六）

融资关

融资渠道

融资

调研攻略

投测

（四）

评估关

调研

评估

定位

选址攻略

选竞争位置

选地理位置

签合同

谈房租

选物业攻略

单体店自创品牌

选品牌攻略

加盟酒店选品牌

（二）

选位置关

选合伙人

流程管理

酒店入行

（一）

入行关

选物业关

（三）

定品牌关

（五）

入行

注：本书只讨论租赁型酒店的融资问题

本关目标：酒店融资

本关任务： 制订融资计划、筹措资金

本关用时： 看实力（短则项目启动时即完成，长则贯穿筹建全过程）

本关导航：【融资】【融资渠道】

酒店投资
避坑地图
好 酒 店 是 选 出 来 的

第一节　融资

"想开酒店，钱不够怎么办？"

小生意靠嗓子，大生意靠本钱，筹建期对资金的使用需求极大，掌门人仅靠自有资金往往捉襟见肘，需多方筹措资金。

本节来扒扒融资时常踩的那些坑。

注：许多酒店的融资未必始于此阶段，可能从找合伙人时就开始了，或者从找物业时就在同步找钱，或是在施工关时才考虑融资。融资过程也可能贯穿多个阶段，掌门人无须拘泥于此。

【老猫踩坑】

老猫的九条命，第六条命殒融资关。

他投资酒店的本金不够，便想借蛋生鸡，然而，这个决定最终却让他鸡飞蛋打。

酒店投资总额2000万元，四个合伙人共计出资800万元，缺口1200万元。凭借多年积攒的人脉和人品，老猫对接到了一笔大额借款，但出借方对他的还款能力存疑，老猫为了能借到钱，提出以酒店100%的股权作质押，但这样一个尚在图纸上的酒店股权，还不足以打消出借人的顾虑，老猫一咬牙，又质押了自己在另一家公司的股权，如此总算说服了出借人，成功借到1200万元。

可装修工程刚过半，资金就再次告急，原来施工过程中发生了新增项，亟须再追加200万元。老猫这次只能抵押住房了，妻子红颜一怒回了娘家，人还没哄回来，抵押房子的钱先花完了，可还有一大批采购物资等着付款！

老猫此时已经成了彻头彻尾的"三无"——无物可抵、可处可借、无路可走！

资金链崩断的恶果，以迅雷不及掩耳之势喷发出来，采购搁置，工人停工、工程停摆，圈子里迅速传遍了老猫酒店烂尾的流言，更没人敢借钱给他了，走投无路，他只能孤注一掷去借了高利贷。

事情到了这个田地，他已经不敢细算自己背了多少债，要还多少钱，更不敢去想加上这一笔笔利息后，酒店多久能回本，唯一的指望就是撑到酒店开业，等酒店有了进账后，他可得到片刻喘息机会。然而，这仅存的一线生门，却正在急速关死！

原来，偿还第一期本息的截止日期已经逼近，如果老猫逾期，按照借款合同约定，他的酒店就直接改名易姓！这意味着，这一年的披星戴月，这一路的殚精竭虑，背上巨额债务饥荒，搭上了半生商誉信用，都成了给出借人打工，就像自己好不容易生养下来的孩子被别人抱走，房子、妻子、票子……一个个都离自己而去，自己只留下一屁股的债、一身的伤痛和一个骂娘的机会。

骂，又能骂谁呢？也许最该骂的是他自己。

【踩坑分析】

老猫此次踩中融资坑，根源在于没有做好融资计划，没有规划好融资规模、比例、方式，没有精确计算融资成本，把控融资风险。

一分钱难倒英雄汉，当投资人身陷资金危机，当酒店面临着烂尾风险时，当初设定的借钱底线，就像中年人的发际线，越来越往后退——利息再高也得借，条件再苛刻也得忍，即使明知有些钱暗藏杀机，也只能饮鸩止渴。即使明知前方有坑，也只能闭着眼跳——两害相权取其轻，用截肢换保命。最终变成"什么要求尽管提，只要金主爸爸肯借钱"，而一旦走到这个境地，等待投资人的将是全面的崩盘，很难再有起死回生的好运。

融资阶段的坑，有一些坑是掌门人无知者无畏，或过于激进，贪功冒进自己给自己挖的坑；还有一些是出借人蓄意挖坑，在借钱之初便巧妙设局，埋下将来趁火打劫的伏笔。背后的根本原因都是新手掌门人缺乏投资和融资经验，对于如何计算资金使用成本，如何筛选融资渠道，如何进行融资风险管理等，一知半解，融资时走一步看一步，剜到篮子里都是菜，不加分辨哪些是好钱，哪些是毒钱，踩到坑后慌不择路，一错再错。

对新手掌门人来说，融资过程其实也是对项目的另一种评估——如果融资时屡遭碰壁，各类金融机构、借款人都摇头拒绝，掌门人应及时反思：到底是哪些问题导致项目无法通过融资机构审核？是项目的问题，还是掌门人自身的问题？问题的严重性如何？自己能否一一搞定？万一无法搞定，后果如何？是否在自己的可承受范围之内？

如某投资人在融资关被卡后，方才得知原来物业已经被抵押，紧急启动补救措施，得以及时止损。

【常踩之坑】

融资坑像慢性毒药，腐蚀的是酒店的未来，常见的融资坑有以下几个：

坑 55：借款占比过高

有些投资人自有本金太少，借款太多，资金杠杆过高，把自己"杠"死了。

有些特别激进的掌门人，自有资金不足 200 万元，就敢于杠 2000 万元，资产负债率高达 90%，一心要用明天的收益，完成今天的投资，自以为五年还清借款，后面还能白赚五年！

十年前，有些幸运儿真的这样"无中生有"把店开起来了，自有资金不到 10%，亲朋好友借一借，股东合伙人筹一筹，再加上施工方垫一垫、设备方垫一垫、布草商垫一垫……店就这么开起来了。

但这种"借鸡生蛋"模式，现在已经行不通了。

"天时"已不再。从前的酒店是蓝海市场，丰厚的利润，可以覆盖掉高额的利息成本。而今的酒店市场，竞争激烈，利润像纸片一样薄，高企的房租和人力成本，已经让酒店如履薄冰，昔日四五年回本的盛况早已一去不复返，酒店无力负担高企的利息成本。

"地利"也不复。从前的酒店是洼地，大量闲钱都流向酒店业。而现在，疫情将酒店业推上风口浪尖，出借人大幅压缩出借额度，变得空前谨慎、保守。钱不好借了，业主再想借钱，就需要押上更多的筹码才能说服出借人，借钱的难度越来越高。

避坑地图

掌门人应把股权融资作为融资首选，融资额度最好不要低于 50%，绝不能低于 30%。

融资的渠道很多，包括股权融资、银行融资、OTA 金融服务平台融资，还有民间融资等，不同的融资方式，各有利弊。综合来看，股权融资是最稳妥健康的融资方式，没有资金使用成本，资金紧张时还可以要求合伙人按比例追加投资，从融资角度讲没有任何风险。

但投资人在吸纳股东时，也不能只要有钱就能入伙，把公司搞成"钱合"型合伙公司，必须同时考量合伙人在投资理念、风险偏好上是否同频。

坑 56：被出借人绑架

有的投资人为了能融到资金，不顾利率多高、不管期限长短，捡到篮子里就是菜，钱到手就行。为了让借款人放心，甚至不惜把大大超出借款额的股权质押给出借人，有的还搭进了住房，全部家当被出借人绑架。

酒店是重资产行业，生命周期较长，少则十几年，多则几十年。在整个生命周期中，面临各种不确定性，隐形风险很多，一旦不能及时清偿借款，极有可能被出借人执行质押物，以店抵债，到头来投资人赔了夫人又折兵。

这类情况多出现于民间融资，案例很多，不可不防。

避坑地图

股权融资是良药，银行融资是补药，民间融资是毒药。

融资时务必设置好防火墙，不要押上全副身家去借钱，否则一旦出事，就是万劫不复。

规划好不同融资渠道的融资比例，民间融资不宜超过投资总额的30%，且出借人要尽量分散。对出借人不可过度承诺，防止被恶意抄底。

尽量多考虑股权融资、银行融资，或金融服务平台融资，这些融资渠道虽然有难度，但绝非没有可能，融资前做好商业计划书，是有机会吸引他们参与合作的。

借钱时不要孤注一掷，不要轻易"豁出去"，小说里的主角都是"咬咬牙挺过来就好了"，可现实中的我们往往是"咬碎了银牙还是差了一点"，别让家人因你的偏执和赌性，被动拉进火坑，留好全家吃饭的钱。

坑57：低估投资总额

有些新手投资人严重低估了投资总额，前期筹募资金不足，后面现金流很容易断流，只能临时再去奔走求援。

常见的低估投资总额的原因主要有：低估了单房造价，低估了改造投入，低估了筹建时间，漏算了花销项目等。

租赁型酒店筹建期一般为半年左右，此阶段用钱多且集中，而此时的酒店还是一纸图纸，没有"造血"能力，全靠"输血"，万一投资人准备的本金不足，借款未落实到位，现金流不够充裕，很容易贻误工期，影响酒店开业。

避坑地图

投资总额决定融资的规模、方式、还款时间等，掌门人要像宇航员计算氧气用量一样，精确预估。

（1）酒店投资总额多少？自有本金多少，占比多少？资金使用计划如何？

（2）尚需多少借款？借款占投资总额比例多少？可以从哪些渠道借款？不同借款渠道占比如何？这些渠道金融产品的贷款金额、年化利率、还款周期、付款方式如何？总的融资成本是多少？

（3）加上这些融资成本后，酒店总投资额将增加多少？投资回报率变化如何？

（4）有必要时，计算酒店的内部收益率 IRR，相比静态投资回报率 ROI，IRR 更能体现资金使用和回收的时间价值。像酒店、地产这种周期长、沉淀资金巨大的业态，投资决策会更关注内部收益率指标。

前期计算精细全面，后期才能从容不迫。

坑 58：高估还款能力

有些新手投资人高估了酒店的盈利能力，盲目签下了很难履行的还款条款，到期无力还钱而违约。

如某投资人在测算酒店投资回报率时，一切都按最理想顺遂的情况来，平均房价算得高高的，入住率恨不能按满房算，又大笔一挥，去掉了一些支出项目。算出来一个四年就回本，然后所有借款协议、还款计划，都卡着这个时间来倒推，最后被现实狠狠打脸，到了该还钱的时候，只能拆东补西，借新还旧，连布草费和员工工资都挪用了，正常的运营无以为继，酒店被杀鸡取卵。

有些投资人并非不懂未来盈利存在着不确定性，但为了更容易借到钱，还是硬着头皮将还款时间往短了算，一心想着先把店开起来，到时候再说还钱的事。这属于自己给自己挖坑，结果很容易变成借钱一时爽，还钱火葬场，一旦无力清偿，酒店被执行抵押清算，个人也背负上"不守规则"的恶名，透支了掌门人最宝贵的商业信誉。

避坑地图

合理计算酒店年平均净利润，从实际情况出发，制订融资和还款计划，宽备窄用，留有余地。

酒店年平均净利润 = 总收入 - 运营成本 - 主营业务税金及附加 - 所得税。总收入以客房收入为主，而客房收入 = 平均房间价格 × 房间数 × 入住率。也就是说，平均房间售价、出房数、入住率、运营成本等，直接决定了净利润，它们是投资测算的地基，如果这些关键数据算错了，最终得出的利润也会浮肿，造成一种虚假的繁荣，导致投资人盲目乐观。

掌门务必要逐一审视这些要素是否合理合情，具体方法参见第四章第四节。

【踩坑小结】

酒店还款力是建立在未来盈利能力基础上的，融资像输血，酒店如果自身不能造血，就像无本之木、无源之水。

酒店投资人必须始终怀着一份清醒的自我认知：一个开始时定位错误，开业后运营缺失的酒店，融资无法让它还魂，只会拖死投资人。

毕竟，融资只是长征第一步，如期还款才是生死考验。

第二节 融资渠道

"融资渠道都有哪些？哪个更好用？"

市面上常见的融资渠道有哪些？不同融资方式、不同融资渠道，各有哪些优劣机会和风险点？

本节跟着老猫的步伐，来了解一下常用的融资渠道吧！

【融资背景】

老猫，初次投资酒店的新人一名。已婚，名下夫妻共有房产一套，同时是某科技公司的股东之一，法定代表人。

本次所投酒店为租赁型酒店，酒店定位中端商务酒店，加盟了某一线成熟大品牌，酒店规模 5000 平方米，客房 88 间，酒店预计总投资额 1500 万元，自有本金 800 万元，尚需融资 700 万元。

【融资之旅】

第一站：银行

很多人一想到融资，首先想到的就是银行这种传统金融机构，老猫也不例外，他跑了数家银行，但因缺乏抵押物，都无功而返。

结果：被拒

原因：缺乏抵押物

渠道分析：

银行贷款资金成本低，是首选的融资渠道，但对于尚未实现稳定营业流水、缺乏信用评级的投资人，要想获得银行的贷款，必须有不动产之类的抵押物，而租赁酒店的物业产权是房东的，投资人只有使用权和经营权，是无法抵押的。

另外，银行贷款审批流程长、借款周期相对较短，而酒店的资金使用多为中长期，投资人需考虑这些不利因素。

第二站：股权融资

老猫将主要精力放在了找合伙人身上，指望能找到几位有实力的股东，大家一起出资搞定资金。

结果：筹款成功

原因：老猫人脉广、口碑好，善于包装项目，商业计划书制作得很诱人

渠道分析：

找合伙人是最好的筹款渠道。投资人根据项目总投资额，按所占股权比

例出资。股权融资没有融资成本，股东共同出资、共担风险。

股权融资不仅能解决"资金荒"，还能解决"人才荒"：股东们各有各的核心优势，有的善于选址，开疆拓土开辟新项目；有的精通工程，统筹规划做好酒店筹建；有的擅长公关，各种关系协调信手拈来；有的擅长精细化运营，管理是把好手。股东们各展所长，可以有效保障投资成功。

股权融资最大风险是：合伙人反目，股东内战。这一部分我们已经在第一章第三节中详细介绍，此处不展开。

第三站：OTA金融服务平台

银行借不到钱，老猫将眼光放在了OTA金融服务平台。接触一段时间后，因为酒店未通过评估要求，再次铩羽而归。

结果：被拒

原因：酒店评估不达标

渠道分析：

金融服务平台以携程金融、同城旅游的"同驿贷"为代表，主要面向全国连锁品牌和精品民宿，以及部分区域性连锁品牌。

这类平台针对酒店行业特点，围绕着"装修""经营"两大需求，定制了不同贷款产品，以携程金融为例，有三类产品。

☐ 驿启装，针对品牌连锁酒店加盟商推出的装修贷款，适用于新开酒店装修、老店翻修；

☐ 老店经营贷，针对营酒店贷款业务，适用于一、二线城市稳定经营的优质连锁酒店或单体店，补充流动资金支持公司收购股权等；

☐ 信用贷，针对携程挂牌一年以上的在营酒店，无须股权质押，由法人申请，线上纯信用贷款，适合支付房租，应急用钱。

（注：以上数据摘自官方宣传资料，具体情况以官方发布的最新消息为准）

"同驿贷"也有同类产品，只是名称和融资条件不同。

投资人想从 OTA 金融平台借钱，同样需要有力的增信措施，如老店担保、老店流水质押、实控人夫妇担保、其他股东担保、房产抵押等，总而言之，路有千条，理只一条：如果借款人存在还款风险，平台是不会轻易放款的。

第四站：其他金融平台

屡屡被拒后，老猫沉不住气了，开始了"全面撒网"的融资之路，他接触了许多非银行金融机构，如信托投资公司、租赁公司、保险证券公司、金融科技公司等。也对接了不少产业链金融，酒店产业链上下游公司。

结果：被拒、被拒、被拒……

原因：主要原因是酒店评估不达标，其他原因还包括自有资金过低，合伙股东征信不达标，大股东缺乏投资经验、投资风格过于冒进等

渠道分析：

这些平台借款模式相对灵活，但同样也是"择优而借"，要考虑酒店的赢利能力和安全性，缺乏投资经验的新手投资人，项目资质平庸的酒店难入其法眼。

第五站：酒店品牌贷

轮番的暴击下，老猫蔫如死猫。这时，某品牌的开发人员伸出橄榄枝来撩他："猫总，加盟我们品牌吧，你可以申请我们集团的贷款呀！"

老猫心中燃起一丝星星之火，但他非常担心自己过不了审核，便逮着开发人员，一个劲儿想要个"保票"。开发人员很为难："猫总，贷款申请是集团提交，最终由银行审核，这个我真不能打保票。不过应该问题不大，就是额度大小的差异了。"

走投无路的老猫，只能选择相信。为了更保险些，他还辗转托人到总部，想增加通过的概率。然而，再牛的公关，也弥补不了项目条件的硬伤。

结果：再次被拒

原因：酒店评估不达标，自有资金过低

渠道分析：

品牌方和加盟商是共生关系，只有加盟商顺利筹到钱，把店开起来，才能提升集团门店覆盖密度和规模，提高品牌影响力。所以很多大品牌早早即切入产业金融领域，为自家加盟商推出各种"赋能"方案，旨在帮助资金短缺的业主融资。

例如，首旅如家有特许加盟酒店财务资助项目；东呈集团有大呈金服为旗下任一品牌酒店提供门店装修、采购等融资服务，贷款额度一般不会超过投资总额的 50%。借款不一定都是现金，也可能是品牌利用第三方提供的装修垫资、家居、布草等非现金扶持。

品牌贷不是业主想申请就能申请的：它的审核标准苛刻，需要通过集团严格的物业筛选考核机制；要有正在运营的酒店做担保；要有相应的酒店投资经验。说白了，它如同"奖学金"——只为"学霸"而准备，那些物业条件好，预期收益好，股东能力好的"三好学生"更有机会获得垂青，"学渣"和"萌新"投资人只能是靠边站。

第六站：互联网众筹平台

垂头丧气的老猫又将视线投向互联网众筹平台，但昔日那些知名的众筹平台，这几年早已风光不再，老猫抱着"有枣没枣打三竿"的想法，递交了申请资料。也许是他发布信息的平台不行，也许是自己的店太普通，总之关注的人寥寥无几，最后众筹失败。

结果：被拒

原因：产品亮点不够吸睛，关注度低

渠道分析：

互联网众筹平台只是一个"中介"，它连接了资金供需的两端：

发起人，酒店、民宿项目（缺钱的酒店业主）；

支持人，对筹资者故事和回报感兴趣，有能力支持的人（多为旅游爱好者）。

平台则负责项目风控和投融服务，从中收取服务费。常见的融资模式有股权融资、收益权融资、消费众筹等。

股权融资，支持人享有定期现金分红和消费权益，设有窗口期，本金可自愿退出。

收益权融资，就是支持人享有定期现金分红和消费权益。投资期满后，本金会被项目方回购。

众筹平台的利好是除了能带来"钱"流，还能带来"人"流——众筹的过程，也是宣传的过程，可以推广项目，吸纳种子客户。投资人还可以根据支持人的参与度来验证酒店的可行性。

在众筹平台，"吸睛力"="吸金力"，那些个性鲜明、故事精彩、亮点突出的网红酒店、新消费品牌酒店，更容易吸引眼球，而传统的加盟酒店，没那么受关注。

几年前，伴随众筹的热潮，涌现了一批专注酒店垂直领域的互联网金融平台，像多彩投、一米好地、人人投、众筹客等。但历经数年洗牌，众筹平台目前关停的关停，爆雷的爆雷，有些虽还在运营中，但也没落了，这个渠道的"含金量"大幅变低。

第七站：线下众筹

受到互联网众筹平台的启发，老猫想到了线下众筹——相比线上，线下的支持人都是彼此知根知底的，更容易取得信任。

老猫定好股价，出让酒店一半的股份，邀请亲朋故交来认筹，这些众筹股东不参与经营和决策，只享有定期现金分红和消费权益，设有窗口期，本金可自愿退出，众筹股东的股份由老猫代持。

在众筹的过程中，有一些朋友对他跨行做酒店表示质疑，他就给对方展示酒店的投资回报测算表，证明酒店将来的盈利能力。如果对方还是存疑，他就承诺保底付息。变相成为一个相对收益稳定的理财产品。

结果：融资成功

原因：人脉圈多年积累的信誉、对支持人更友好的借款条件，如保底、

可退出、承诺按期分红等

渠道分析：

线下众筹面向的支持人，不同于网络上素昧平生的陌生人，大多是投资人的熟人，大家彼此知根知底，信任度较高，融资成功的概率更高。这些人大多是本地人，每个人的背后都连接着一定的人脉，还可以为酒店输送客源，是酒店宝贵的"种子用户"。

线下众筹的本质是一种需求匹配：投资人急需资金输血，而支持人想找一个稳健的理财渠道，大家各取所需，在"熟人"的这个信用基础上一拍即合。

线下众筹适合那些人脉资源丰富，个人影响力和号召力较强的投资人。如果投资人能成功兑现众筹时的承诺，后续再需要融资时，这些支持者很容易复投，成为拥趸。

线下众筹融资时，需要注意两点：一是要算好账，找到一个既能筹到款，又能最大化降低融资成本的平衡点；二是要找好法律顾问，遵守相关法规，避免非法融资之嫌。

第八站：民间借款

老猫有了股东出资，再加上众筹融资，酒店总算启动了。但本来钱就紧巴巴的，施工中又遇到增项，没钱就要停工，只能求朋友做担保，虽然利息较高，此时哪顾得上挑肥拣瘦，咬牙借了高息的钱。

结果：成功

原因：朋友担保、高息

渠道分析：

民间借贷的优点是基于个人信用，借款金额没有限制，放款快；缺点是资金使用成本高。这个渠道只能临时救急，尽量少碰，避免过高的利息陷入资金链断裂，血本无归的惨境。

还有一些其他渠道，较多赖于投资人的个人资源，此处不再展开（表6-1）。

表 6-1　酒店融资渠道

序号	渠道	资金来源	渠道特点
1	银行	银行	利率较低，贷款周期短（多为 1~2 年），需要有足够的抵押物，贷款申请难度较大
2	股权融资	合伙人出资	合伙人按所占股权比例出资。无融资成本，股东共担风险
3	OTA 金融服务平台	OTA	代表平台如携程金融和同城旅游，均有针对新店装修、老店经营贷、股东信用贷等的不同产品 对项目要求高，老店须为一、二线城市稳定经营的优质酒店，审核严格；申请额度受申请人实力影响大，需提供多项增信条件
4	其他融资平台	第三方投资机构相关产业链	传统金融机构选择和第三方融资平台合作，为他们授信和提供资金支持，如平安就有租赁连锁酒店业务 产业链类金融平台往往会介入酒店装修和采购环节，获取一定利润
5	酒店品牌扶助计划	银行等第三方投资机构	品牌方对优质潜力项目的扶持，有现金或实物支持等多种形式 对项目营利性要求高，审核严格；额度多为投资额的 20%~50%
6	线上众筹平台	线上支持者	适合有明星创始人、产品亮点或强品牌背书的酒店、民宿项目 融资模式有股权融资、收益权融资、消费众筹等，平台只是撮合方
7	线下众筹	亲朋好友	依赖线下人脉，适合社交达人型投资人，除融资外，还可以起到宣传酒店，获取种子用户的作用
8	民间借款	个人或小贷公司	放款快、高息、高风险

【融资诀窍】

乱放枪是打不到鸟的。很多投资人在融资时，多个渠道一起发力，结果跑断腿却一无所获，费力不讨好。

如何才能提高融资成功的概率？

融资好比"相亲"，提高相亲成功率的秘诀就是"匹配"意识：先看对方要什么，再看自己有没有，然后掂量双方"般配"吗。

需求契合、实力相当，是融资成功的关键。

所有资方的共同诉求是安全和收益，但高安全性和高收益是鱼和熊掌，无法兼得，因此，不同出借方的关注点也有所侧重。

银行像长公主，最在意安全感——只有家世好、家底厚的稳健才俊方能赢得公主芳心。那些风险高的赌徒，收益再高，她也绝不会下嫁。

众筹支持人像恋爱脑少女，只要在心里认定对方是只潜力股，将来前程远大，她现在就敢裸嫁，勇敢地携手陪君一起打天下。

品牌方贷款是只爱学霸的学妹，她只会陪着"三好班花"（物业条件好，预期收益好，股东能力好）一起上自习，一起去考研，学渣免谈！

所以，我们在选融资渠道时，先给资方画像：对方更关注安全性，还是收益性？红线、预期、条件是什么？再照照镜子掂量自己：我的硬件符合上述需求吗？通过努力，能否获得芳心？如果无法满足，这个渠道就该果断放弃——借钱也有"二八法则"，选择最适合自己的渠道攻坚，成功概率更高。

【融资小结】

融资问题是酒店投资和扩张时首要考虑的大事，即使投资人资金充沛，从风险防范和资产配置的角度考虑，投资人也应避免在单一项目上押注太大，如果能规划好融资方案，选好融资渠道，融资可以成为一个有力的支点，撬动酒店快速规模化发展，让投资人如虎添翼。

8

第七章
设计关

亲爱的投资人：

　　此刻的你，现在该着手酒店设计工作了。一个好的酒店设计，要满足三点。

　　□ 功能价值，满足顾客安全、睡眠、热水、上网等基础需求；

　　□ 体验价值，满足顾客舒适、被尊重、被爱的需求；

　　□ 经济价值，满足酒店收益，持续发展的需求。

　　让我们跟随老猫，来看看选设计关会遇到哪些问题吧！

SEVEN
设计关

搞定设计！

开业

七
设计沟通攻略
加盟店设计
选设计公司
设计关
融资渠道
融资

六
调研攻略
融资关

四
定位
投测
调研
评估
评估关

二
选址攻略
选竞争位置
选地理位置
选位置关

一
选合伙人
流程管理
酒店入行
入行关

签合同
谈房租
选物业攻略
选物业
选物业关

三

五
定品牌关
加盟酒店选品牌
选品牌攻略
单体店自创品牌

入行

本关目标：完成酒店设计

本关任务：筛选设计公司、确定设计方案、完成图纸深化

本关用时：加盟酒店 30 天左右；单体酒店 90 天左右

本节导航：

【选设计公司】【加盟店设计】【设计沟通攻略】

第一节　选设计公司

"如何找到靠谱的设计公司？"

一家错的设计公司，很可能把上好的西服料子裁成了烂裤头，设计不靠谱，沟通很糟心，更诛心的是，还额外增加了许多施工费用。

本节来扒扒选设计公司常踩的那些坑。

【行业概况】

对许多新手掌门来说，酒店设计常挂在嘴边，但对于它的具体内容、设计要求却往往一知半解。所以，咱们先来补充一下相关背景知识。

酒店设计是指依据酒店可行性报告和定位报告的指引，同时满足业主需求，制订的规划方案和装修施工方案。它包括空间结构设计、照明设计、色彩设计、功能设计等维度。

从分类上来说，酒店设计属于室内设计。室内设计从空间类型上可分为家装、地产、商业、酒店、娱乐场所等业务领域。不同领域对应着不同的服务对象和设计公司，酒店设计堪称室内设计的"金字塔尖"，原因在于以下几点：

设计要求高，既要体现家的温馨，还要体现艺术之美、文化之美；

涵盖业态多，涵盖居住、大堂、餐饮、会议、康体、办公、娱乐等多类型空间，各空间要求不一，又要互动协同，非常考验设计师对不同业态空间的驾驭能力；

涉及系统多，涉及建筑、结构、给排水、暖通、电气、装饰等多个专业，这就要求设计师必须做到既博又专，还要具备很强的整盘统筹能力和设计落地能力。

好了，带着这个行业认知，让我们再次跟上老猫的步伐，看看这回他又经历了什么。

【老猫踩坑】

老猫的九条命，第七条命殒设计关。

老猫初次投资酒店，手头上缺乏相熟的设计公司资源，便托朋友推荐。

朋友问他有什么要求，他想了想说："我这店不大，也不高端，设计费能省就省点。"

挑来选去，他最终选中了一家小工作室，据说主创设计是从一线大公司出来单干的，水平一流，只是因为公司刚成立不久，所以要价不高，非常符合老猫"高性价比"的要求。

可合作后，老猫很快就后悔了。

首先让人大失所望的是方案设计，平庸到让外行的老猫都无语了。更让人牛气的是，这家设计公司干活特别慢，提一点小意见就要改上两三天，老猫实在等不起，派手下人去盯着改，才发现这家公司总共就三个人，小公司为了生存什么活都接，接了活又没人干，哪家催得急就干哪家的活，再催就找兼职应付。

如此搞出的设计，质量自然千疮百孔，施工时，频频发现图纸和现场不符之处，找他们修改方案，反馈慢得像蜗牛，催得多了，对方干脆摆烂，尾款也不要了，后面的设计服务也没了，装修公司边施工边变更设计，给装修也埋下了隐患。

等到开业后，问题暴露得越来越多。

比如，形象问题，大堂的接待台，被设计成一整张实木条案，价格贵不说，放到现场完全撑不起门面，寒碜得像个农家乐餐厅；点缀大堂的水景，小家子气满满，既漏水又费电。

更糟糕的是许多功能问题，卫生间排水管设计失误，选择的管径太细，导致洗澡时排水不畅，一洗澡就水漫金山；厨房位置设计失策，抽油烟机的噪声严重干扰临近客房。类似问题不胜枚举，可酒店形态和产品已经定型，只能将就着用了。

老猫悔呀！为了省几万块钱，浪费的何止百万元！

【踩坑分析】

老猫之所以踩坑，根源在于一味追求低价，疏忽了对其专业度和实力值的考察，导致自己被"庸医"所误。

酒店投资人面临的设计市场，是一个蚂蚁市场，企业多如牛毛，两极分化严重。按照规模和实力可划分为三个梯队。

（1）第一梯队：参天大树般的存在，名闻海内外。大多位于一线城市，历史悠久，手握大量资源，扎根高端、超高端酒店市场。

（2）第二梯队：木秀于林，在区域内小有名气，有一定的规模和实力，锁定中端、中高端酒店市场。

（3）第三梯队：杂草丛生，多为小型公司、个人工作室，团队和专业实力较弱，主要靠低价获取客户，服务于中低端酒店市场。

对广大中小体量、走低成本战略的租赁型酒店来说，可选项主要集中在第三梯队。该梯队的突出问题是鱼龙混杂，良莠不齐，加之设计的专业门槛较高，外行人不具备甄别的能力，且设计又是后验型，合作后才知道好坏，所以投资人非常容易看走眼，一不小心栽到了草包设计公司的坑里，把好好的酒店画成了"鬼"，生出一个畸胎丑胎，酒店先天不良，投资回报成了泡影。

【常踩之坑】

投资人选择公司时，因经验不足和信息不对称，常踩中以下这些坑。

坑 59：专业不对口

酒店设计的专业壁垒很高，找了不对口的设计公司，会因为其缺乏对酒店功能、使用场景和运营需求的理解，做出脱离实际的方案，设计的功能性和经济性差。

不对口的主要情形常见于以下三类：

（1）跨行，如找了家装公司做酒店设计，家装设计的复杂性远低于公装，两者的能力模型也不一样，跨度太大，容易翻船。

（2）跨类型，如追求独特性的度假酒店，却找了擅长标准化的连锁酒店设计公司；把成本控制放在首位的快捷酒店，却找了优先创意体验的设计公司，方枘圆凿，格格不入。

（3）跨细分专业，有些专项设计需具备相关资质，如消防设计、结构设计、机电设计等，但投资人往往分辨不清其中的区别，总想着一起"打包"。专业事必须找专业人来干，否则酒店的合规性、安全性就有风险了。

许多跨行设计师，因为缺乏对酒店行业的了解，即使"抄"别人的图纸，也只能抄个皮毛，仿其形而无法师其神，在功能性、实用性上完败。

坑 60：经验不丰富

酒店设计不是纸上谈兵，对实践经验要求极高，设计公司如果未经实战历练，很难在设计时充分考虑物业条件和环境变量，导致方案落地性差。

如某酒店在设计暖气系统时，因设计师实战经验不足，在选择管径时，仅凭书本知识，直接用房间面积推算出了一个供暖系数，从理论上来说可以满足供暖需求，但现实中的物业造型复杂，暖气管道弯折多，水流不畅。而设计时为了视觉美观，又采用了上行的回水方式，让热水循环难度大增，房间热度严重不足。业主尝试各种补救方法，仍无济于事，最终只能重新更换主管道，逐间调试，仅这一项就耗资十几万元，用时一个多月，勉强解决问题，但新店因此折损的口碑却难以挽回，重创了酒店运营。

酒店设计要关注建造美学、地域文化、实用功能、施工工艺与造价，这四点都有赖于设计师的专业度和实践力，一个没上过战场的设计师，是无法驾驭各种材质、工艺，胜任不同设计要求的，很容易成为酒店功能缺陷和造价失控的始作俑者。

坑 61：施工方赠送

有的施工方会以"赠送"设计的方式，招揽业务，投资人图便宜或图省事，就选择了这种"一条龙"服务。

天下没有免费的午餐，施工方养设计团队也是需要费用的，设计部门不赚钱，如何为公司创造价值？不排除在设计时故意增加工程量，推高总造价，让公司把设计"赔"的钱，从装修费上加倍赚回来。

如某一家酒店，按施工方"免费"的设计方案一核算，仅电缆一项，就发现多出了几十万元费用。发现猫腻后，投资人赶紧找来专业的设计公司，重新设计图纸，逐项优化材艺，最后比施工方的报价节省了 200 万元。

其实，很多施工方所谓的"自家的设计团队"，只是合作关系。曾见过一个鸡贼的装修公司，以长期合作为诱饵，骗设计公司为其免费出图，骗到骗不下去的时候，就再换一家设计公司继续行骗。业主用了这种图纸，后期需要设计师提供巡场服务时，根本找不到人。

坑 62：挂靠大公司

有的投资人自以为花了重金找了大公司，实际上却被转包、分包，真正干活的是小工作室甚至是兼职设计师。

还有些公司深谙自我包装之道，他们通过挂靠、贴标签、买奖项、捆绑名人等方式，把自己塑造成网红公司。兜揽了业务后分包给协作单位，自己并没有稳定的设计团队。转包过程中，很容易出现纠纷隐患。

坑 63：贪图价格低

有的投资人选设计，哪家便宜用哪家，一分钱一分货，设计费压得过低，会产生以下恶果。

（1）设计质量缩水。本该由资深设计完成的，换成了实习设计；本该量身定制的设计方案，换成了套现成的模板；本该多岗位配合完成的，变成一个人兼任，能糊弄就糊弄着。如此炮制出来的图纸，问题百出。

（2）图纸内容缩水。完整的图纸本该包括平面图、效果图、机电图、施工图等，这背后需要室内设计、机电设计、消防设计、灯光设计、园林设计等多个细分岗位的配合。几万元的设计费，哪能安排这么多设计师？于是图纸残缺不全，或者精度不够，落地时困难重重，导致后期大量设计变更。

（3）设计服务缩水。设计公司交付的"产品"不只是方案设计、施工图制作，还有后期的现场服务，包括图纸交底、工地巡场等，以便及时发现问题，优化不足之处，确保施工按设计方案落地。

为了省几万元的设计费，导致前期方案不靠谱，后期服务没保障，埋下一大堆隐患，未来补救的代价可能高达百万元，实在是笔赔本买卖。

【避坑地图】

如何找到优质的设计公司？这"四看"帮你分清良莠。

一看公司定位

（1）看定位是否清晰

有些设计公司有清晰的自我定位，在和投资人沟通时，能精准地概括自己：我是一家什么样的设计公司？我服务谁？我哪点比竞品做得更好？

我们不妨先听听它如何自我定位，再看它用什么来支撑证明定位，是用硬核的团队、高含金量的奖项、过往的成功案例，抑或只是用一张巧嘴来证明？

如果一家设计公司传递不清楚自身的定位，说明它缺乏定位意识或能力。而酒店设计的灵魂，就是自始至终要围绕酒店定位创意实施，设计公司不懂定位，怎么可能在定位指导下完成设计工作？

（2）看定位是否垂直

设计公司分为综合型和专业型，前者大而全，不局限于某个细分领域，后者聚焦在某个细分领域，专业突出。

有些设计公司的服务类别包罗万象，商业、住宅、文旅项目、乡村振兴……啥都能干，样样通样样松，不如一竿子插到底。对中小规模的酒店来说，找专注酒店细分领域"专科医生"，要比"全科医院"更靠谱。

（3）看定位是否匹配

掌门人要从自家酒店的类型和定位出发，选择契合的设计公司。

酒店业历经几十年飞跃发展，产业链上的设计公司分工也愈加精细，涌现出一大批细分型公司，好比有些餐馆只做一种菜系，有些甚至只做一道拿手菜。掌门人要弄清设计公司的拿手活，看是否匹配自己的需求。

二看公司实力

选择有实力的设计公司，服务才有保障。

（1）看组织架构。有的小公司就三两个人，来了项目临时找兼职，没人也没架构。通过架构图，可以窥见设计公司内包含哪些岗位，各岗位的组织关系如何，管理制度如何，可以侧面反映出公司的实力。

（2）看工作流程。正规公司有规范的设计流程，如初期沟通—初步方案—深化方案—扩初阶段—施工图阶段—施工配合—拍照留档—总结归纳等。如果对方对流程语焉不详，也拿不出相应资料展示，十有八九碰到了"游击队"。

（3）看过往案例。去对方设计的酒店住上一晚，设计好坏立马见分晓。好的设计创造的丝滑体验，作为顾客也是可以感知到的；反之，那些糟糕的设计，无论投资人、顾客、店长，乃至连客房大姐都能感受到那种"反人类"的体验，槽点多多。

三看服务流程

查看设计公司过往服务项目的存档资料、服务流程，也能一窥其真实水平。

（1）看交底文件档案。普通设计公司直接拿着图纸交底，而优秀设计公司，会制作 PPT 交底文档——将方案文档、效果图模型、平（立）面分析、用材分析、施工图纸等汇总在一起，让施工方更直观地理解酒店全貌。

（2）看巡场记录和会议纪要。普通设计师来现场巡场，挑两个房间，扫几眼了事，纯粹是走个过场；而优秀的设计师会逐层逐功能区认真检查并拍照，将现场与设计不符的实景照片和设计图纸两两对比，附上文字注解，整理好发给施工方，并会追着看施工方整改后的照片，直到符合设计要求。

（3）看合同约定的服务条款，如巡场次数、例会制度等，细化交付的图纸内容、要求，后期项目服务的交底时间、巡场次数、例会制度等。

四看项目经理

设计是非标产品，质量取决于具体服务人员的专业水平和服务态度。不夸张地说，公司品牌决定设计底线，项目经理素质决定设计上线，其业务水平直接决定服务水准。

不幸摊上一个经验不足的负责人，他拿着业主的酒店来试错，而试错的成本，却要由投资人来埋单。或者摊上一个躺平的老油条，干活时漫不经心，沟通时阳奉阴违，即使问题严重时找到公司去反馈，临时换帅也会大大增加沟通成本。

（1）看其沟通力，好的项目经理，对外能和投资人畅聊需求、成本、功能，对内能和设计师们深谈要求、参数、技术，兼具专业视角和经营视角。唯有如此，他才能将业主需求＋项目定位，准确地翻译成设计语言，牵头机电、消防、灯光设计师，做好双方沟通的桥梁，统筹做好整体设计。

（2）看其专业度，借"提问"来了解项目经理对材质、工艺、造价的熟悉度，判断其专业和经验值。如果对方语焉不详甚至顾左右而言他，那么很可能是个"水货"。实战派的共同点是自信。那是一种因专业而自信，因实力而从容的气场，很难伪装。

（3）看其解决问题的能力，是否能根据现场实情，灵活变通提出解决方案。例如，现场需要变更厨房位置，优秀的项目经理脑海中快速掠过背后涉及的消防、排水、排烟、垃圾动线、顾客动线、建筑荷载等问题，迅速生成多个可行性方案，并进行优选，做出最佳选择。

如果有幸遇到这种项目经理，签合同时务必锁定项目负责人，以免设计公司临时换帅。

【踩坑小结】

好的设计解决问题，坏的设计制造难题。

世界设计之父 Milton Glaser 曾说过："一个设计作品有三种反馈，可以、不行和哇喔，最后一个哇喔是我们要去追寻的。"

投资人必须和设计公司一起，创造出酒店的"哇喔"之处，因为它从根本上决定了酒店能否持续赢得顾客芳心，赢得增长，是实现酒店投资回报的根本，值得投资人倾囊打造。

第二节　加盟店设计

"加盟店设计有哪些需要格外注意的？"

加盟酒店设计不同于单体酒店的自由发挥，必须遵从统一品牌标准，但又不能完全复刻，要拿捏好其中尺度。

本节来扒扒加盟酒店的那些设计坑。

【不同之处】

相比单体酒店，加盟酒店的设计有四点显著不同。

1. 投资人心态不同

单体店投资人往往比较看重设计，认为设计是体现酒店定位、打造差异化价值的关键路径，对设计工作很上心；而加盟店投资人普遍忽视设计，认为加盟店执行统一设计标准，不允许有个性存在，所以也没什么好设计的，直接套模板就行。

2. 设计理念不同

单体店追求"独一无二"，加盟店追求"千店一面"；单体店求"变"，加盟店求"恒"；单体店崇尚"差异化"，加盟店崇尚"标准化"。双方的设计理念和初衷截然不同。

3. 设计标准不同

单体酒店投资人自己拍板定方案；加盟酒店的设计图纸须经品牌方集团审批后，才能开工。竣工后，也需由品牌方验收合格后方能上线。

4. 设计供应商不同

单体店自主寻找设计公司，优势是选择空间大，费用和付款方式灵活，可以从本地物色公司，便于后期项目服务。劣势是筛选和拍板的风险自担。

加盟店因加盟品牌不同分为两种情况。

一种是品牌方允许加盟商自主找设计公司，品牌方为其提供设计标准、图纸审核（即加盟费用中的"审图费"）。

另一种是品牌限定从品牌方供应链平台挑选。平台设计方的优势是经验丰富、价格透明、质量有保障，万一合作中发生纠纷，品牌方作为"庄家"，可以约束设计公司，维护投资人利益。劣势是设计方优先考虑品牌形象，有时套模板现象严重。

带着这个认知基础，让我们跟随老猫的步伐，进一步了解详情。

【老猫踩坑】

老猫投资了一家加盟酒店，该品牌限定只能从其供应链平台上选设计方。

他选的那家公司远在千里之外。没办法，当时有档期的只有这一家，事后他才知道，这是一家刚刚收录进平台的新公司，而他为此付出了不小的代价。

双方第一次见面时发生过这样一段对话。

设计师："咱们酒店大床房和双床房比例是多少？"

老猫："你们是专业的，你来定呗！"

设计师："这个……得你们自己定呀。"

老猫："我第一次做酒店不懂呀。"

设计师："那……你问下负责你这个区的运营吧。"

老猫于是拨通了运营经理的电话，直接按下免提："大床房和双床房比例多少？"

运营经理愣了一下，犹豫着说："现在集团一般是要求 7∶3。"老猫瞥了一眼设计师，对方点了点头，没再多问。

走马观花看了一圈后，老猫先撤了，留下设计师独自勘测项目，他本想等完活后双方再坐下来聊聊，可没想到对方动作太快，完事后直接收队返程，双方擦肩而过。

老猫隐隐觉得不安，只能自我安慰："人家品牌方指定的公司，什么项目没做过！"

一周后方案设计准时出炉，老猫作为一个新手，也看不出什么名堂，出于对品牌方的信任，挑了出房率更高的一版。

设计师道："那你发邮件确认定稿，我们就着手作施工图了。"

设计师在凌晨的写字楼埋头作图，老猫却在深夜的 KTV 虚心求教。原来，他担心自己外行，便约酒店圈朋友来给自己"掌眼"，专家们纷纷热情支招。

甲："80 间房太少了，把会议室改成客房，至少多出 8 间房。"

乙："会议室得留着！这附近全是小公司，会议需求很旺盛，正好用来引流。"

丙："餐厅和会议室要放到一起，这样规划更好用。"

丁："不要做二房改三房，就直接按原格局一改一，多出好几间房！"

……

老猫汇总了众人的意见，给设计师发了过去。

设计师收到这满满的两屏意见时，心态崩了："老子施工图都快画完了，你给我发这个？"

老猫道歉、施压、催稿三连，设计师只能忍气重改："那你确认一下设计暂停，我重新给你画图，由此耽误的时间我们可不承担！"

老猫想要一个截稿时间，设计师操着 Siri 般的标准客服腔说："我们肯定会尽快往前赶，但这个改动实在太大了，不好说，我让大家加班改改看吧。"

后面的设计过程，就像兰州拉面一样，越抻越长，20 天的活，拉扯成了两个多月，直接导致工程招标顺延、总包签约滞后，最后，原定的暑假开业，硬生生抻到了元旦。

老猫很疲惫，说好的省心省力呢？

【踩坑分析】

老猫这次踩坑，根源在于他对加盟酒店设计的认知误区，他以为加盟店的设计是全国统一考卷，平台设计方手握标准答案，投资人自己不用解题，等着枪手抄作业就行。

这种误解让老猫做出了一连串的迷惑操作：选设计公司时直接盲选；项目勘探时不管不问；设计之前不做需求沟通……结果就是设计公司在不了解项目，不了解投资人需求的情况下，埋头出了设计方案。

老猫的操作有一定代表性，有些新手掌门人，本该主导设计，但因此前没有和品牌供应链平台打过交道，对设计流程和关键节点都懵懵懂懂，于是就选择了"坐等靠"——坐等设计方带节奏，让对方当了"主角"，自己沦为"群演"，全程由对方牵着鼻子走。

事实上，加盟酒店的设计，绝非统一模具，在应用时也要因地制宜，根据门店的具体情况而定。还记得上文中设计师问过的那个问题吗？

"大床房和双床房的比例是多少？"

这个问题其实真正想问的是："你家酒店的主力客户是谁？次主力客户是谁？"它指向了酒店定位的那个核心问题——你家酒店的"客群定位"是什么？

可惜，老猫没听懂，设计师不解释，而运营人员不敢瞎说。这次关键的沟通，就此无效中断，而随着设计师的仓促离去，老猫也彻底失去了和设计师沟通酒店细分定位，提出设计需求的机会，错过了量身定制设计的机会。

不夸张地说，加盟酒店设计环节，最大的坑就是"复制粘贴"，以及"纵容复制粘贴"。

【常踩之坑】

坑 64：直接套模板

许多投资人误以为连锁店的设计，直接按品牌方标准"套模板"就行了。

事实上，加盟酒店并非"千店一面"，不同的单店，坐落在不同的城市区域，面向不同的用户群体，会形成各自的细分定位。这就好比同样的水稻2号，撒在东北黑土地、江南水乡、沿海之滨、黄土高原，因地质和气候不同，长势和味道也各不相同。

有些连锁品牌直接将自家设计标准分为"标配"和"选配"部分。"标配"就是所有门店都要遵循的部分，代表品牌标准；"选配"是门店可以自由选择的模块，投资人根据自身的差异化特点、面向的细分人群、周边的竞品特点等，菜单式勾选的部分。

这个勾选的标准，其实就是酒店的细分定位。

加盟酒店设计时，既要遵循品牌大定位，也要充分考虑单店的细分定位，争取做出既有共性，又有个性，求同存异的设计，这才是最具备经济价值的好设计（关于定位部分，详见第四章）。

坑 65：掌门人坐等靠

有些掌门人觉得自己不懂设计，就不要外行指挥内行了，于是对设计甩手不管，任由设计师发挥。

这种想法很危险，投资人和设计师的立场和角色不同，所思所想也不同。

投资人关注如何用设计实现单店的利益最大化，而设计师关注品牌形象如何在单店中贯彻执行；

投资人关注设计的得房量、坪效，而设计师考虑更多的是舒适度、体验；

投资人关注设计造价高不高，而设计师考虑更多的是效果好不好；

投资人希望设计师能在自己的酒店上多花时间精益求精，而设计师考虑更多的是如何短平快早点干完项目。

出发点不同，取舍的标准也不同，最终导向的行为结果也不同，投资人如果在这个过程中一直缺位，天平就彻底倾向了设计师那一边，对方很可能会从自己的需求和便利出发，导致酒店走向套模板。

掌门人不能坐等靠，人家设计师只拿几十万元的设计费，凭什么操上千万元的心？掌门人要担起"产品经理"的职责，从以下两点抓好设计。

一是做好设计公司筛选，即使从品牌供应链平台上选设计公司，也不能直接盲选。平台和平台不一样，有的平台实力强，对供应链单位的筛选标准高，可以有力地规范其服务过程和质量；有的实力弱、尚未建立健全筛选标准，也缺乏完善的质量评价体系和管理机制，平台上的商家鱼龙混杂，品牌方对其的约束力不足。

二是做好前期沟通，双方充分沟通项目定位和设计需求，在细分定位指导下展开设计，提高方案设计的效率（具体沟通技巧详见本章第三节）。

坑66：设计流程错乱

设计环节最让人崩溃的莫过于反复改稿、不断拖稿，原因大都出在没有遵守设计流程。

（1）遗漏重要环节。比如，跳过了"需求沟通"环节，任由设计师闭门造车。前期沟通不明确，后期作图就不准确，等到稿子出来后再改改改。搞得设计师怨声载道，投资人自己也心急如焚，双方都干了大量无用功。

（2）颠倒前后顺序。比如，平面图纸未定，就心急火燎地催着画施工图，结果图纸一改，前面所有加班白干。不遵守事物本身的发展规律，往往会欲速则不达。

（3）弄错轻重缓急。比如，有些投资人前松后紧，前期不作为，直到后面拖久了才上心，急慌慌押上时间和精力，这其实是本末倒置，费力不讨好。

避坑地图

按流程办事，以减少返工和无用功。

设计过程可分为三个阶段：

设计前，主要工作是物业勘探、需求沟通，如同砍柴前的磨刀；

设计中，主要工作是方案设计和施工图绘制，此阶段伴随着大量的沟通改稿工作；

设计后，主要是指施工过程中的项目服务（交底、巡场、例会等），竣工后的设计验收工作。

以某品牌供应链平台上的设计公司流程为例，其全流程大致包含10个节点（图7-1）。

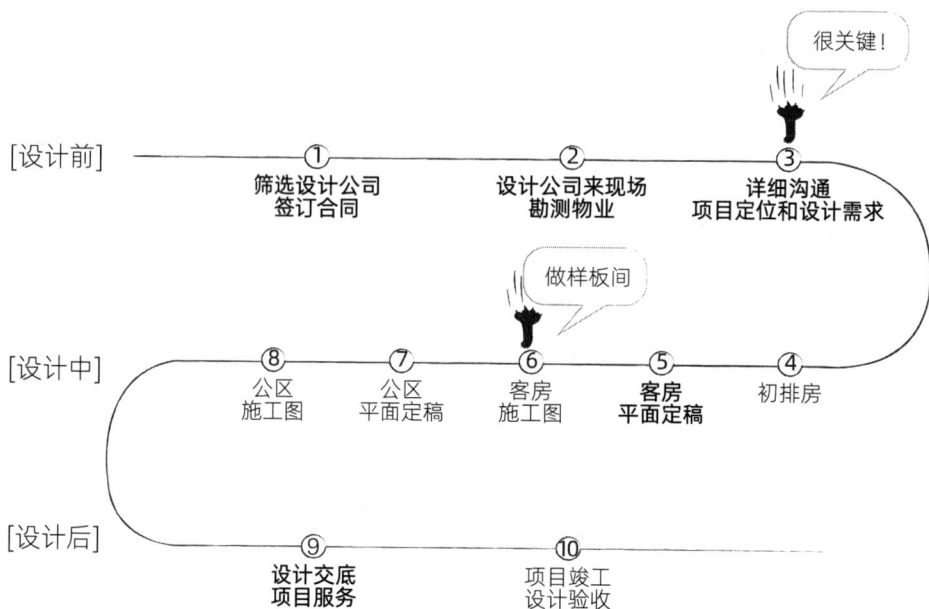

图 7-1　设计流程

（1）筛选公司，签订商务合同。

（2）物业勘测，设计公司来现场进行勘测。

勘测顺序由外到内，外部包括周围环境、建筑造型和外立面、招牌位置、外墙亮化、空调外机、物业窗户、屋面防水和保温、设备位置等；内部主要是物业结构、标准层规模和设计、设施配套等，需要全方位量房，核查现场与原土建图纸的准确性，并根据现场实情，修改原始图纸信息。勘察重点是柱子、墙体、幕墙、窗台、门、梁、地坪、机电（排烟、上下水、消防等），确定公区红线（大堂、餐厅、厨房等的位置）。

（3）项目沟通，同步项目定位和设计需求。

（4）初排房，设计公司在定位指导下，出具两三版方案供掌门人选择（物业勘测后一周左右完成），此版图纸侧重于客房布局，公区一般先圈定大致区域，不做详细展开。

（5）客房平面定稿。掌门人对初排房图进行反馈，设计师在品牌标准范围内予以修改，直至定稿。

（6）制作客房施工图。通常在平面图定稿后一周左右完成，许多掌门人为了赶施工进度，会要求设计公司先出具砌墙图，以便同步展开拆除砌筑工作。

（7）公区平面定稿：公区的设计周期略长，因为设计公司完工后，需要先内部上会，由酒店集团审核通过后，方可发给业主，业主可对图纸提出反馈意见，设计师在品牌标准范围内予以修改，直至定稿。

（8）公区施工图：平面图定稿后一周左右完成。

（9）设计交底：施工单位拿到全套施工图纸后，先自行熟悉图纸，汇总图纸存疑问题，以及与现场不符之处，以文本形式发给设计师，这样现场交底时，双方便能有的放矢，从而大幅提高交底的质量和效率。

（10）设计验收：工程竣工后，设计公司和品牌方会进行全面验收（此验收为品牌内部验收），主要审核施工是否符合设计图纸，是否满足品牌标准。

不同设计公司的服务流程也不尽相同，掌门人需搞清楚自己加盟品牌的设计流程，照章办事，事半功倍。

【踩坑小结】

世界上没有两片相同的叶子，即使加盟同一个品牌的酒店，因地段不同、物业不同、投资目标不同，也无法简单地复制一份"标准答案"，因为市场竞争也从来都不存在统一答案。

掌门人必须在品牌标准的大框架之下，从具体市场出发，进行二次定位，提炼出自家酒店的"个性"，在设计时充分彰显这种个性，打造一个兼具品牌共性，又不失个性魅力的酒店，才有可能在竞争中脱颖而出。

第三节　设计沟通攻略

"高手都是怎么和设计师沟通的？"

很多掌门人和设计师沟通时，想到哪里说到哪里，重点不明，要点不全，沟通效率很低，导致频繁修改返工，影响设计质量和速度。

本节分享一套极简"设计沟通攻略"，供新手掌门人参考使用。

【沟通时机】

最好的沟通时机是设计公司来现场勘测物业时。

这通常是双方第一次见面，很多掌门人忙着接风、当向导，尽了地主之谊，却没有尽好沟通职责，白白浪费了这次最宝贵的沟通时机。

要知道，设计师来现场，主要勘测的是物业，他们会将绝大部分时间花费在测绘尺寸、了解物业构造上，却很少会将视线落到酒店定位这个层面上。这就好比裁缝做衣服时，只埋头于测量顾客的胸围腰围，却没过问她做新衣服的目的——她要穿着这身新衣服去见谁？达成何种目标？都有哪些特别要求？

不知道"为什么"而做，是很难想清楚"怎么做"的，此时沟通的目的，正是要告诉设计师：酒店最终要吸引谁？用什么吸引？如何吸引？从而让设计师从酒店的细分定位出发，进行设计创意。

掌门人借助极简"设计沟通攻略"，只用短短的 5P 内容，就可以将项目背景、酒店定位、设计需求等关键问题，一次性交代清楚，让沟通效率大幅提升，力破沟通不力导致的返工窝工。

【沟通内容】

第1页：设计目标

开门见山说明本次设计任务的目标、要求、造价预算、投资方特别要求。

好的设计一定是目标导向的产物：是优先考虑成本控制，还是优先考虑用户体验？是优先提高出房率，还是优先保障舒适度？是允许大刀阔斧重新规划空间，还是要尽可能维持原有格局……为了达成这个目标，拟投入多少预算？有哪些特殊情况会影响设计？

第2页：酒店背景

本页主要介绍酒店背景信息，交代清楚酒店所属商圈属性、周边交通路网、配套设施和主要客户来源地的距离，介绍时以结论和图片为主，结论提纲挈领，图片直接形象。

附图包括但不限于物业外立面、主入口、门头、店招、小院、大堂、屋顶等情况，须包含日景和夜景。如外立面和门头由政府统一规划，须拍摄邻商情况，以供参考。

第3页：竞品设计

本页主要介绍对标竞品酒店的信息，列明竞品品牌、产品亮点、主力房型、设施配套、销售数据、用户口碑等。介绍时最好能概括我方和竞品的SWOT分析、产品矩阵对比图等。

附图包括但不限于竞品物业展示面、房型平面图、公区图等。

第4页：酒店定位

本页概括介绍酒店定位，详细展开说明客群定位、价格定位、产品定位等。重点描述酒店细分客群的用户画像、使用场景、需求和痛爽点。

同时，探讨酒店未来拟创造哪些差异化价值，如拟增加会议室配套，以便吸引周边企业客户等。

第 5 页：限制要素

本页介绍各项限制条件，包括物业建筑方面的限制条件、投资人偏好、预算限制等。重点列出物业硬件方面的限制。例如，物业存在结构安全隐患，要避免进行大规模的拆改；楼板荷载有限，无法承载消防水箱。只有充分了解了这些限制条件，设计师才能从实际出发进行设计。

将所有问题在图纸上进行标注，并配合现场照片辅助说明，有必要拍摄视频。

【沟通小结】

极简 5 页"设计沟通攻略"脱胎于《酒店可行性研究报告》，是考虑到许多中小规模酒店，没有做过项目可行性分析，所以用这种小巧的浓缩版，帮助其总结提炼项目重点，以便和设计方进行沟通。

这 5 页看似简单，实则回答了酒店最核心的定位问题：我是谁？为谁提供什么服务？我和竞品有何不同？

只有自己先想明白这些问题，才能和别人说清楚。如果投资人不能斩钉截铁给出答案，那意味着他对酒店面临什么样的竞争，未来应该做成什么样，缺乏最基本的思考。这是非常可怕的，这已经不是设计沟通的问题，而是该不该立项的问题了。

8

第八章

施工关

亲爱的掌门人：

　　本关是酒店从创想到落地，从图纸到现实的重要环节，也是酒店投资最集中的环节。本阶段的主要问题集中在三点。

　　□ 质量问题，工程品质不达标，无法兑现功能和体验；

　　□ 成本问题，工程造价超预算，投资额飙涨；

　　□ 工期问题，施工节点滞后，工期一拖再拖。

　　让我们跟随老猫，来看看施工关会遇到哪些问题吧！

EIGHT
施工关

开业

七
设计关

设计沟通攻略
加盟店设计
选设计公司

八
施工关

施工管理
选装修公司

六
融资关

融资渠道
融资

搞定施工！

四
评估关

调研攻略
投测
评估
调研
定位

二
选位置关

选址攻略
选地理位置
选竞争位置
选合伙人
流程管理
酒店入行

一
入行关

入行

三
选物业关

选物业攻略
选物业
谈房租
签合同

五
定品牌关

选品牌攻略
加盟酒店选品牌
单体酒店创品牌

本关目标：**酒店装修施工**

本关任务：筛选装修公司、施工管理

本关用时：6 个月左右

本节导航：

【选装修公司】【施工管理】

酒店投资
避坑地图 8
好酒店是选出来的

第一节　选装修公司

"如何选择靠谱的装修公司？"

酒店装修公司龙蛇混杂，行业信息不对称严重，一旦选错施工方，千万元投资将失去保障，酒店质量埋下祸根，未来运营负重前行。

本节来扒扒选装修公司常踩的那些坑。

【行业认知】

中小规模的酒店投资人，想选择一家靠谱省心的装修公司，并非易事，这是由酒店装修业的行业属性和市场供需决定的。我们先来了解一下宏观背景。

行业痛点

酒店装修属于公共建筑装饰行业（以下简称"公装"）[①]。

从行业属性来看，公装行业的共同特点就是链条冗长，环节复杂，涉及主体多。拿酒店装修业说，在施工过程中，业主、设计方、施工方、材料供应商都参与其中，但各方又完全独立，沟通协作难度高，流程推进主要靠合同约束和人工控制，可控性欠佳。工程质量严重依赖工人，而且涉及十多个工种，质量把控难，很难追溯责任。以上种种，让酒店装修业普遍存在着效率低、成本高、工期难保、质量难控的痛点。

[①] 根据《国民经济行业分类》（GB/T 4754—2017），建筑装饰行业按照对象划分为：公共建筑装饰行业、住宅装饰行业和幕墙行业。从建筑类型的分类来看，公装主要覆盖了市政基建类建筑、商业服务类建筑及商品住宅中的商品房精装修。酒店属于商业服务类建筑。

从竞争格局来看，建筑装饰行业属于"大市场、小企业"，行业集中度不高，区域市场差距较大。有时同一家公司，不同的项目部也良莠不齐，这无疑进一步加剧了投资人的选择难度。

市场属性

为了方便理解，我们不妨将酒店市场想象成一座金字塔。

金字塔的塔尖，是高星级酒店，这类酒店工程多由区域性龙头企业和全国性装修企业垄断，市场信息比较透明、市场格局相对稳定。

金字塔的腰部，以中高端单体酒店和连锁品牌酒店为主，这类酒店选择装修公司时，会选择有相应资质、资金和专业实力较强的公司，但这个区间的装修公司大多尚未形成"品牌效应"，考验投资人的眼光。

如果是连锁酒店，还有一个可选项：酒店集团供应链平台上的装修公司。这些平台上的装修公司，有丰富的同品牌装修经验，还有品牌集团背书，可信度较高，不失为一个好选择。但部分公司也存在报价虚高、工程转包的风险，仍需要投资人综合考虑。

金字塔的底部，是广大的中小酒店，包含大量单体酒店、小型连锁酒店、小旅馆等。他们选择装修公司时，关注性价比和灵活性，可供他们选择的大多为一些小公司、新公司，甚至游击队。

如果投资人经验匮乏，面对这样鱼龙混杂的市场，很容易就选错了装修公司。甚至有些投资人因资金紧张，一心只求便宜或贪图对方垫资，主动降低了对品质的要求，无视装修公司存在的明显硬伤，还自诩"两害相权取其轻"，却不知给自己挖下了坑。

带着这些行业宏观认知，让我们再次下沉到微观世界，跟着老猫的踩坑之旅，了解那些具体的坑和避坑方法。

【老猫踩坑】

老猫九条命的第八条命殒装修关。

他的酒店有 100 间客房，加盟了某中端商务酒店品牌，品牌方单房报价 13 万元 / 间，再加 100 万元改造工程预算、100 万元备用金，满打满算工程总投入 1500 万元。

他的好哥们儿就是干装修的，还是个小财主，可以垫付部分工程款，酒店装修交给这样的"自己人"再合适不过了。

签约当晚，双方喝得都有点高，哥们儿动情地搂着老猫的肩膀："虽然你哥没做过酒店，但装修的活儿，都是相通的，保准干得漂漂亮亮的！"

老猫举杯回敬："就靠亲哥了！"

然而，这"亲哥"还是没靠得住。

这位"亲哥"其实是一个有营业执照没资质的皮包公司，签合同时，挂靠到了某公司的名下，这位成功的投机商人，最硬核的技能是"成本管理"，在施工中坚决贯彻"怎么省钱怎么干"的宗旨，在用工、用料上无所不用其极地压缩开支。

品牌方项目经理每次来工地巡检，都提出一大堆质量问题，从沙子质量不达标，到砌墙工序不合理，再到工地安全管理，问题百出不说，还屡教不改。

项目经理语重心长地提醒他："猫总，先不说别的，你就看看咱们工地现场遍地的烟头、到处垃圾、乱拉电路、煤气罐和材料包堆在一起。你能看到的明面都这么糟，看不到的暗处，像隐蔽、机电、工程等，指不定乱成什么样了！猫总，工程这块儿，你可真得盯紧了。"

老猫倒是想盯紧，可"亲哥"的弦却怎么也绷不紧，整日看不见人影，活儿每天都往后推。总算逮着对方了，老猫还没发作，"亲哥"先诉上苦了："弟弟，前期给你垫的钱，你啥时能给？这钱我也是借的，马上就得还了！"

老猫把责备咽了回去，赔着笑脸恳求再宽限几日。

因为"亲哥"没做过酒店装修，对施工计划和物料采购都心中没数，导致工程全面滞后，原计划"五一"竣工，生生拖到了"十一"。堪堪熬到快竣工，验收时却状况百出，一大堆合规性问题和质量问题浮出水面，如施工中未办理装修材料备案和验收，消防施工不符合相应规范……真是屋漏偏逢连雨天。好歹开了业，质量问题又源源不断暴露出来，而且大多是隐蔽工程的问题，酒店只能逐层关停搞维修。

可怜的老猫，多花了一半的预算，用了近两倍的工期，搞了一家开业即维修的酒店。

【踩坑分析】

老猫之所以连环踩坑，根源在于没从酒店具体情况出发，选择匹配的施工方。

老猫的店是一家典型的"腰部"酒店。

物业属性：属于老楼改造，涉及加固工程、消防工程、机电工程等多项改造工程。

定位属性：中等体量的商务酒店，定位中端，所加盟的品牌非常强势，出了名的产品标准苛刻，要求加盟商严守品牌标准。

团队属性：新组班子，从掌门人老猫到执行人员，团队中缺乏经验丰富的专业人员。

这三点其实已经圈定了他的选择范围：他只能从实力硬、团队强、同档次酒店装修经验多的装修公司阵营中选择，因为像他这种复杂的装修工程，绝非一个无经验、无团队、无管理的"三无"草台班子能搞定的。

可老猫缺乏这种自知之明，他不顾自身的情况，只看重"便宜""垫资"，对施工方的专业资质、施工能力不加考量，甚至连专业度、经验值的考量也可以往后排。一切都可以为"价格"让路，最后严重翻车。

掌门人选择装修公司时，如果不考虑自身的物业条件、品牌定位、团队配置，很容易投错阵营，选不到和自己规模、需求匹配的装修公司，从开始时就走上装修的歧途。

【常踩之坑】

装修行业的水很深，大大小小的公司龙蛇混杂，非常具有欺骗性，选择时常踩的坑有以下几种。

坑 67：忽略硬实力考察

（1）资质不达标

许多装修公司只有一张"营业执照"，缺乏专业资质。

施工单位的资质包括施工总承包资质、施工专业承包资质、劳务资质等。有些工程必须由具有相应施工总承包资质的企业承接，没有资质的施工方是无法承接的。

没有资质的小公司，很多是施工队临时注册公司接活，或家族公司（从工长到工人都是家人亲戚），这类公司运营成本低，价格低，但施工质量缺少保障。

（2）施工能力差

施工能力由专业水平和经验值决定，两者缺一不可。

有效的经验，是指同类型、同档次酒店的施工经验。酒店装修如同一台复杂的大型手术，装修公司只有具备丰富的实战经验，项目团队训练有素，配合默契，方能游刃有余地驾驭全程，应对突发事件，确保酒店装修顺利完成。摊上一个施工能力差的装修公司，就像将大型手术托付给了实习生，疗效全看临场发挥，副作用全由患者埋单。

（3）挂靠大公司

有些公司号称资质齐全，还养着几十人的专业团队，实际上只是一个挂靠公司，狐假虎威，挂羊头卖狗肉。

挂靠公司报价不低，水平却未必和价格成正比，合作风险也颇高——因为施工方顶着别人的名头，用着别人的资质，真摊上大事了，拍拍屁股跑路，留下一地鸡毛，留下投资人和被挂靠公司纠缠，自己的违约成本很小。

避坑地图

（1）核查资质证书

核查"三证"：营业执照、建筑装修装饰工程专业承包资质证书、安全生产许可证。留意三证上的公司名称是否统一，日期是否过期，营业执照和资质证书是否印有上一年的年检印章。

有些专业分包工程需具备相应的专业承包资质。如加固工程须具备"特种工程（结构补强）专业承包资质"，缺少相应资质，施工没有合法性，工程质量没有保障。

（2）考察施工水平

考察装修公司的历史服务项目质量，如果考察的项目处于施工期，去现场观察施工管理和工程细节；如项目已竣工，可通过业主评价、工期倒推、实地体验来了解施工水平。如果是从品牌方供应链平台上选的装修公司，还可通过熟悉的开发人员、项目经理打听其口碑。

软件上的消费者评价，也是一面照妖镜：若施工方装修的酒店，差评集中在隔音不好、渗水漏水、水温忽冷忽热、卫生间异味等问题上，侧面反应施工质量存在隐患。

（3）了解团队架构

了解装修公司的团队实力。了解其组织架构图、架构内的组织关系，对照组织架构图，查看项目部是否如实配置了项目经理、施工员、材料员、深化设计师、预算员、安全员等岗位，各岗位人员是否清楚自己的上下级和岗位职责。

了解装修公司的管理机制。真正的大公司管理机制完善，流程标准，管理数字化程度较高，有些甚至引入了专业的工程管理 App，进行云端管理。而挂靠公司的管理水平明显差了一大截，有些甚至还停留在"开会靠嘴、管理靠吼"的原始阶段。

坑 68：无底线低价中标

低价中标素来是装修行业的毒瘤，千万级的工程，像卖大白菜一样，竞争对手出八毛，自己就敢喊六毛。无良装修公司在这场价格战中，往往以"低价中标"开头，中间各种偷工减料、以次充好、工期拖延，最终以"稀烂交付"结尾，还能"保有利润"！

最惨的是投资人，面对这一地的烂摊子，不验收吧，酒店开不了业；验收吧，那质量真是烂到令人发指。更气人的是，很多施工方工程进行到一半，就开始罢工谈条件："这点钱干不成，你不加钱我只能等。"酒店投资人哪耗得起？只能乖乖就范！

避坑地图

遵循合理低价中标原则，不要被低价所蒙蔽，没人会做赔本的生意，装修公司也不例外，那些明显低于市场的报价，背后都藏着不可告人的代价。

投资人对工程造价要心中有数。招标前，自己的团队应从项目实际出发，结合装饰市场行情，通过摸底比价建立起来一本明白账，作为招标的依据，绝不能自己心里一本迷糊账，全等对方来盘算，受制于人。

了解中标公司的"诚信值"，向供应链上下游打听它是否有不讲信誉的劣迹。事先部署预防风险的担保措施，如要求提供投标保证金、提供履约保函、预留 5%~10% 的保修金、约定好付款方式等。

坑 69：一口价锁死承包

有些新手投资人担心装修公司先用低价中标，施工过程中再图增项，便倾向于"一口价"锁死合同总额，感觉这样更放心。

"一口价"是无法保证一劳永逸的，因为若工程真的大大超出预算，施工方是不会赔钱给你干活的，双方还得坐下来讨价还价。而施工后再来谈价格，投资人将不占半点优势——因为施工方不着急，他们尽可以慢慢谈，着急的是投资人，工程每拖延一天，就要支付一天的租金、工资，以及延期开业的损失。如同肉在砧板上，只有任人宰割的分儿。

避坑地图

建议根据工程量据实结算，采用工程量清单计价方式招标，以避免将来纠缠不清。

尤其当物业的改造工程较多时，更不适合"一口价"，因改造工程的不确定性很大，常会出现拆完后又发现新问题，只能更改原施工方案，如果事先不谈好单价，临时谈判就会非常被动。

尽量等施工图完稿后再招标，以免因图纸不全导致造价不准。深化设计图纸中应详细注明基层做法、工艺要求、材料规格、尺寸、防火防水要求、特殊节点处理等，以减少日后变更的概率，以利于投资人编制招标控制价。

坑 70：贪图施工方垫资

有些投资人指望装修公司垫资，对方能垫资的数额和时间，成为一个重要衡量标准，甚至其排序超越了质量标准。

施工方垫资可以缓解筹建期资金压力，但有利也有弊，垫资的交换代价，往往是价格的让渡甚至是品质的降低，如此看来，这种"融资"方式的代价太高了，得不偿失。

何况，这种垫资未必能真的能享受到，如有些施工方在拿项目时承诺垫资，等到项目到手、施工过半，确定投资人已经被牢牢吃定，便声称自己没钱了，哭穷、耍赖、罢工甚至让工人直接跑到酒店拉条幅讨薪。投资人无奈只能自己筹钱擦屁股，施工方收到一块钱，就办一块钱的事，绝口不提垫资的事。

避坑地图

尽量不要将施工方垫资作为一种融资手段。

如果执意要选择这种模式，也要充分了解其风险和收益。清楚交换垫资的代价是什么：工程造价因此上浮多少？工期是否能如期保证？质量是否会打折？施工方垫资存在哪些变数？垫资金额所占的比例等。

命运所有的馈赠，都在暗中标好了价码，了解这代价是否是你承受得了的。

坑 71：直接内定施工方

有些投资人选择装修公司时，跳过了招投标环节，直接将工程包给"自己人"。

这种事前不评估施工单位实力，不对比工程造价，就直接拍板的行为，简直是在用利益挑衅人性。除非这个"自己人"是亲爸，否则无异于亲手放弃主动权，给自己认了个"乙方爸爸"。

退一万步来说，即使充分相信熟人的实力，如果在合作前，不沟通清楚工程量、技术标准、合约条件等，后续的合作中，极易产生纠纷，那时熟人也会反目成仇人。

避坑地图

即使工程体量较小，也应按规范的招投标流程走。

招标前，投资人先行价格摸底，作为招标签约的依据；准备招标文件，包括完整的施工图、工程规划方案、造价清单、物料标准等；在预算范围内，寻找数家实力好、口碑好的施工方参与竞标；发出投标邀请书。邀请书中要详细列明投标人须知、评标办法、合同条款和格式、工程量清单、图纸、技术标准及要求、投标文件的格式等，力保各投标公司的投标书统一格式；聘请专家评标。综合单价、企业资质、过往案例、样板工程考察、承诺投入工人和资金比例、地域优势等要素，进行对比挑选。

【踩坑小结】

装修公司的水平，决定了酒店能否如期保质交付，决定了酒店能否实现功能价值，实现经济效益，确保投资目标的实现。

对酒店项目来说，施工方一旦进场，短期内就会倾注大量资金和资源，这些投入和动作大多不可逆，所以哪怕合作后发现问题频出，双方大打出手，投资人被装修公司架在火堆上烤，也很难中途换人，这就更进一步倒逼我们前期筛选时擦亮眼睛，不要引狼入室。

第二节　施工管理

"如何管控工程质量、造价、工期？"

酒店装修工序繁杂，所涉极广，施工管理很重要，但很多掌门把管理当"监工"，未能做好施工管理，导致预算一超再超，工期一拖再拖，质量也一修再修。

本节来扒扒施工管理常踩的那些坑。

【老猫踩坑】

老猫很重视酒店装修，开工伊始就反复强调：要抓质量、控成本、抢时间，争取早日竣工、开业。

装修公司项目经理憋了三天，搞了一张施工计划大表，贴在筹建办公室督导各班组。可计划赶不上变化，总有突发事件打断进程——今天上头领导检查，明天天降大雪，后天被邻居投诉停工，大后天物流耽搁延误。计划一再被延期，一个节点滞后，后面全线逾期，计划成了摆设，于是新计划表贴在了旧表上，而竣工时间悄然推迟了一个月，很快，更新的计划表又上了墙，时间则被推到两个月后。

与此同时，质量问题也全线暴露出来，品牌方项目经理来巡场，捻了一把沙子，发现含土量过高，黏合力不达标；敲了一面隔墙，发现填充的岩棉厚度和高度不够，无法满足隔音要求。

品牌方项目经理语重心长地劝老猫："猫总，现在项目上的问题点很多，您务必要重视起来，狠抓细节，严把质量，否则将来麻烦大了！"

老猫不是不想管，而是管不了。他是一个新手投资人，对酒店装修一窍不通。团队也是新建的，一直没招到谙熟酒店工程的项目经理。老猫每次例会都口沫横飞地强调质量的重要性、时间的紧迫性，但指令缺少了管理架构的支撑，便成了空喊口号，哪怕话说得再多、再狠，也只是过了个嘴瘾，任凭他一天三催，施工方照旧阳奉阴违，时间就这样一天天拖延下去，许多质量问题也被一层层遮盖，封藏到了天花板里。

眼看着年前开业的计划又一次要泡汤，老猫发了狠："15 号务必竣工，按此倒排施工计划！"

装修公司项目经理："那肯定不成呀，现在才完成了一半。"

老猫火冒三丈："那就多上人！"

项目经理："疫情期间工人不好招呀，再说料也没到！有人没料也白搭。"

老猫追问："料要等多久？"

项目经理："现在只付了订金，付全款才能发货。我们垫得钱太多了，账上都没钱了，还等着你们甲方付款给我们呢。"

老猫："我正在筹钱，周末就能打款，能保障 15 号完工吗？"

项目经理："说不准，还得看消防那边的进度，再说现在到年根了，各家工厂都压了很多活儿，付了款也得等，最近物流也慢，大概需要一个月吧。"

老猫吐血三斗！

项目经理嘴里那轻飘飘的"一个月"，于老猫而言，是能压垮脊梁的重负——每拖延一天的成本，光租金就是大几千，团队工资小几千，再加上融资成本，不敢细想！

老猫仿佛听到一群吱吱乱叫的硕鼠，就在他眼皮子下，肆无忌惮地偷走了他的时间和金钱，一点点把自己啃食殆尽。

【踩坑分析】

老猫这次踩坑，根源在于未做好施工管理，导致酒店工程失控，自己饱受荼毒。

施工问题千千万，总结起来无外乎质量打折、造价超标、工期逾期，这三类问题往往相伴而生，又形成一个恶性循环，一个出现会诱发、加重另一个，最终导致酒店工程被搞成了豆腐渣、烧钱坑、裹脚布。

这三大类问题表象各异，但背后的病因殊途同归，主要归咎于以下三点：

一是装修公司水平不行，一个不专业、不认真、不负责的施工方，是工程失控的问题根源；

二是投资人现场管理不力，过程中缺乏品控和监管，导致工程成了脱缰野马；

三是第三方监理缺位，一些专业性问题被粉饰、遮盖，埋下各种后患。

在上述病因背后，还隐藏了一个更深层的病根：掌门人缺位。

施工关是酒店投资的大关，需要在短时间内投入大量资金，协调多方单位，管理难度非常大，掌门身为总指挥，如果疏于管理，"掌"不好这个大局，酒店施工就会腹背受敌，导致质量、造价、工期失守。

很多掌门人之所以缺位，是因为"不会管"。

酒店装修行业门槛高，专业性很强，新手掌门人有"畏难"心理，便推脱不懂工程，缩回自己的舒适区，全权指派别人管理。而糟糕的是，这个"别人"往往不是"专业对口人"，而只是"自己人"。结果就是掌门人自己不管，又没能交给对的人去管，现场管理严重缺失，指望装修公司"觉悟"高，自己管好自己，这真是痴人说梦。施工方对一个不专业的甲方，会狠狠"欺负"他的无知，如果甲方既不专业，又不上心，那无疑会彻底沦为施工方的鱼肉。

尤其对中小规模酒店来说，池小养不下大鱼，往往招聘不到精通项目管理的专业人才，这种情况下，更要倚赖"老大"亲力亲为，掌门人把注意力放在哪里，哪里就能得到优先排序，得到更多的资源加持。反之，连"老大"都不肯塌下心来管理工程，更别指望下面的员工有"主人翁"意识，从上到下全线拉垮，酒店工程命运不堪细想。

【常踩之坑】

为便于理解，我们将施工阶段常踩的坑，按质量问题、造价问题、工期问题来分类呈现（现实中这三类坑你中有我，我中有你，往往互为因果，组团出现）。

（一）质量问题

施工管理首要的就是管好质量，对顾客而言，主要关注的是那些关乎安全、静音、体验等功能价值的质量问题，主要包括五个坑：

坑 72：安全质量隐患

指那些会危及顾客人身安全的质量问题，这是最恶性的质量漏洞。

例如，建筑安全问题，许多重大酒店事故，都源于暴力强拆、粗暴施工，施工中野蛮操作伤及建筑结构，给物业的"骨骼系统"埋下隐患，最终酿成了悲剧。安全无小事，小到一个监控摄像头的缺失、阳台护栏的螺丝松动，大到门禁安防系统有漏洞、消防疏散工程有危险……凡是可能威胁顾客、员工安全的工程，都不能掉以轻心。

坑 73：隔音质量问题

指会影响到酒店静音效果的质量问题，多见于以下部位。

（1）房门：如房门自身材质、厚度不达标，施工时门缝密封不好。

（2）窗户：如窗玻璃不符合要求，窗体材质不达标，窗体开启方式不当等。

（3）墙体：如墙体构筑方式、厚度不当，内部填充物不符合要求，管道穿墙洞口未封堵彻底等。

（4）设备和管道：如设备室位置设计不当，机房减震措施、管道隔震措施不达标等。

安安静静睡个好觉，是顾客最朴素的需求，隔音不好，口碑全毁。

坑 74：防水质量问题

渗水漏水历来是酒店痼疾，由此引发多种后遗症，如瓷砖起鼓、地板膨胀、壁布发霉、房间异味等，这些病证大多无法根治，即使大费周折地铲除表面霉变部分，一段时间后便又旧疾复发，如同牛皮癣一样顽固，酒店利润随着漏水一起跑冒滴漏。渗水漏水的主因包括以下三个方面：

（1）结构有裂缝，如各种施工缺陷导致的缝隙等；

（2）工艺不规范，如底板防水层上翻的高度不够，防水层没有填堵孔洞，找平层找坡不够，闭水实验不达标等；

（3）材料不过关，如用了劣质的丝堵、三通、封堵材料等，省了小钱，浪费了大钱。

渗水漏水的病根大都深埋在隐蔽工程之下，"病在骨髓"，一旦事后出现问题，就只能层层扒开，动大手术才能抵达病灶，往往需要酒店停业整改，牵涉面广，维修费用高昂，提前预防规避才是王道。

坑 75：空气质量问题

糟糕的气味，如霉味、甲醛、油烟、返臭等，无孔不入，让人躲无可躲，简直能把顾客逼疯。不同部位的质量问题，会引发不同的异味。

（1）卫生间返臭，多因不合理的排水方式，错误的马桶安装，不合格的下水口防水等原因引发。

（2）房间霉味，多因排风系统问题，劣质装修材料，外墙、屋顶渗水致使墙面、地板发霉等原因导致。

（3）餐厨异味，多因厨房排风系统问题，相邻间墙密封不够或管道串通等导致。

异味是顾客负评的集中爆发区，把不好质量关，沁人心脾的入住体验就成了奢望。

坑 76：热水体验问题

热水体验不佳，会严重拉低顾客的满意度。常见的热水质量问题主要有水压不稳，出热水慢，水温过低或太烫、忽冷忽热等。热水病因主要有以下三个方面：

（1）冷热水系统供水设计不当，如多层和高层建筑中，按上行下给式供水时，未安装减压阀，导致下层供水压力过大。

（2）设备选择不当，如空气源热泵选择与实际用水不匹配。如配置过低，在用水高峰和冬季热水满足不了要求，而配置过高，会增加酒店的初始投资。

（3）偷工减料，如选用廉价冷热水箱，室内外管道、阀门保温不到位等。

畅快淋漓地洗个热水澡，也是顾客基本的需求之一，连热水都保障不了的酒店，生意也会凉凉。

（二）造价问题

十家酒店九家超预算，装修预算超支的每一分钱，都要从日后的经营利润中刨除，超支太多，酒店回本遥遥无期。造成超预算的主要原因有以下三个方面：

坑 77：报价有猫腻

有些规模较小的酒店，自己不制定工程量清单，由装修公司直接报价，装修公司前期可能故意压低造价，低价中标，进场后再以增项、变更等理由提高造价，导投投资人不断追加工程款。

装修公司常玩的猫腻有四种：

（1）故意漏项。如装修公司明知新老墙体搭界处应该挂钢网固定，却故意漏掉此项，等施工时再"建议"投资人"增项"，如此一来，既增加了造价，还以增加工序的名义，延长了工期。"增项"不等于"遗漏"，它不是必有工序的遗漏。

（2）模糊报价。如装修公司报价时刻意隐去品牌、规格、工法等，以便留有"弹性"。同样是中央空调，格力和杂牌空调之间差了何止上千元；同一品牌的铜管，DN25 和 DN30 规格相差一号，差价也能集腋成裘。

（3）工程量注水。如装修公司在最终结算时，用重复计量、错误的计量公式，甚至直接造假的方式，增大工程量，如墙体抹灰和门洞收口这两道工序就有重合之处，抹灰时顺道收一下口即可，却非要收两茬钱不可。

（4）标准不详。不同的验收标准，对工人、工艺、工序、材料、工期的要求相差很大，工程造价自然也不同，如同样是贴瓷砖，空鼓率 5% 和 10% 的价格大不相同，在报价时对标准避而不谈，将来施工时便有了以次充好、拉高造价的空间。

酒店造价如果从预算制定时就定错了，就如同第一粒扣子扣错了，后面就会步步错，步步超。

坑 78：改造工程多

有些酒店物业结构复杂，改造工程点位多，工程量大，成了超预算的重灾区。

每个品牌都有自己的装修指导价，如单房新建造价 10 万元 / 间，翻新 2 万元 / 间等，但要实现这个造价，前提条件是：物业无须大幅改造，只需做零星拆除、少量砌筑、末端进行消防改造。而许多投资人租赁的物业，尤其是老物业，是远远达不到这种理想状态的，装修前需要先做改造工程，如结构加固、消防改造、机电改造、拆除、外墙改造等（此部分内容详见第三章）。

坑 79：返工浪费大

工程质量如果不达标，反复返工，也会造成物料和人力的大量浪费，让预算吃紧。

如某酒店做防水工程时，未认真处理基层和细部，地面的破损没有找平，阴角部位未做处理，就直接刷防水涂膜。基层有漏洞，即使防水涂膜刷得再厚、再高也是白搭，而且自防水层这一步开始，其后的蓄水试验、保护层、质量检验工作全都是无用功。一次性做不到位，事后检测和反复返工的成本是极高的。

频繁大量的返工也会拖后酒店工期，而拖延的每一天，背后都交织着人工费、房租、利息，淌的都是投资人的血。

（三）工期问题

一半以上的酒店，都存在工程延期问题，这和酒店装修的复杂性有关：筹建资金是否充裕、施工方是否给力、投资人团队是否专业、设计方是否配合。乃至当地营商环境、天气状况、邻里关系等，都会累及工期。常见拖后腿因素有四个：

坑 80：证照卡脖子

施工因存在违法违规问题而被叫停，如未取得"施工许可证"便开工，结果被没收设备、勒令停工。

我国《建筑工程施工许可管理办法》规定，投资额超过 30 万元，建筑面积达到 300 平方米的，施工前应向住建部门申请领取"施工许可证"，否则就是违法施工。有些投资人为了"抢时间"，一边施工，一边"跑"证。本以为两周便能跑完证，结果因为某些问题，如物业缺失核心证照、对物业主体进行拆改，加大建筑荷载等，导致图审不过关，迟迟无法办理相关证照，成了违法施工。

坑 81：资金卡脖子

资金不足，则无法保障施工所需的各项资源，人、料、机不到位，会严重制约施工进度。导致"钱荒"的常见原因有三个方面：

（1）低估工程造价。投资人因专业和经验不足，低估了工程成本，导致后期现金流难以维系，甚至资金断链。

（2）融资节奏不当。酒店装修需在短时间内大量注资，大额资金没有提前做好规划，出现了股东注资不及时，或借款无法按时到账的情况，打乱施工计划。

（3）付款计划不当。不合理的付款节奏和比例，如前期付款过多，导致资金被装修公司挪用，还失去了和装修公司博弈的掌控权。

没钱寸步难行，工头不听画饼，没钱立马走人；工厂不收空头支票，没钱一个铆钉也不发货。尤其品牌方供应链上的商家，都是先付款，甚至付全款才发货。以前通过拖欠工程款，压供应链货款，无中生有把酒店开起来的做法很难重演。

坑 82：设计卡脖子

设计阶段的各种遗留问题，会在不同程度上影响施工，拉长工期。

如某酒店墙壁管线穿孔完成后，设计师却变更了插头位置，电脑上只是动动鼠标，现场却要为此大费周折：封堵填实原管路，重新开槽敷管穿线，联系退换货，重新订购匹配变更设计后的材料和设备……一处变动累及数十间客房，需要数个班组、十几名工人加班加点抢时间。

设计"挖坑"的常见情形有三种：

（1）设计节点滞后，如设计方未能按时提交完整施工图，或深化图纸不完善、不准确，影响招标、施工。

（2）设计方案造型复杂，如使用了较多加工时间长、制作工艺繁复的非常规材料。

（3）设计方案变更较多，如设计师经验不足，没能严格遵循品牌方设计标准，导致后续频繁调整。或未充分结合现场条件，原方案落地性差，只能重新设计弥补等。

坑 83：环境拖后腿

酒店顺利筹建离不开天时、地利、人和。外界环境的许多不确定风险，也是导致逾期的重要原因。常遭遇的不确定性因素包括三个：

（1）邻居掣肘。有的酒店原租户或房东迟迟不肯搬迁，影响正常施工；

有的酒店并非整租，物业内还有其他租户，施工时需征得对方同意才能进行；还有一些工程项目，如消防改造工程，有可能会占用邻商空间，或需要对方协作。对方的配合度影响施工。

（2）天气拖累。南方的梅雨，北方的严寒，突至的台风，不散的雾霾等，都有可能打断施工进程。比如，北方的酒店冬季施工最怕来寒流，一旦温度降到0℃以下，砂浆抹灰之类的工程便无法施工，因为砂浆上冻后就失去了凝结力，工程质量得不到保证。

（3）活动影响，一些大型赛事、活动、会议期间，许多污染重、噪声大的施工无法开展。

工程延期日久，必然会继发资金和质量问题等，让糟糕的战况加剧恶化，反过来进一步延长工期，形成一个恶性循环，好好的酒店变得缠绵病榻，甚至彻底烂尾，再也等不到开业的锣声。

【避坑地图】

这三类问题在症状上千变万化，基本病机一致，避坑方法可以服用同一剂"药方"。

君药：掌门挂帅亲督

君药，是一方之首，针对主证起主治效果的首药。掌门人就是这味"君药"，要在施工过程中发挥好统筹管理的作用。

掌门人管施工，不是把自己练成技术专家，而是发挥管理思维。PMI是经典的项目管理体系，它的核心是"目标导向，计划先行"，掌门人如果能善加学习利用这种先进的管理思想，就能事半功倍地管好项目。

在PMI项目管理体系中，将项目管理分为五个阶段：启动项目、规划项目、执行项目、监控项目、收尾项目。对应着这五大阶段，掌门人的工作主要是：

（1）启动过程组。就是召开启动会，明确目标，按下"开始键"。这个环节很容易被掌门跳过，事实上却非常重要，因为在启动会上，会发布项目章程，明确各方人员的诉求，设定目标、里程碑、责任分工、沟通机制等。掌门人如同出征前，立马阵前的大将军，面对三军将士，慷慨陈词：为何而战，为谁而战，如何去战？这是鼓舞士气，凝结一心的重要一步。

（2）规划过程组。就是把目标转化为行为方案。掌门人要围绕目标，指导相关人员编制项目执行蓝图，估算资源、成本、预算，分解工作流程、排列优先顺序，制订进度计划、确定质量标准，制订人力计划，沟通方式、风险管理、采购计划等。对酒店工程这种复杂项目来说，这是一个像"镜头对焦"一样的过程，渐渐从模糊到清晰，越来越细化落地。PMI 强调"项目管理 80% 的时间在于规划"，这也是掌门人应集中资源和精力攻坚的环节。

（3）执行过程组。就是落地执行，这一步考验掌门人的资源整合能力，包括组建、管理、激励团队，管理干系人期望、实施采购等。如果前面规划过程做得好，这一步就是水到渠成，如上一环节的招聘工作如果得力，此时就有一位经验丰富的项目经理来落实这些执行动作，执行时便会所向披靡，否则就是步步维艰，掌门人不可能，也不应该在执行环节事必躬亲。

（4）监控过程组。就是盯紧，看牢、控场。这要求施工中做好动态管理，及时发现进度和计划的偏差，根据已开销成本和工程进度的匹配度，动态计算预算使用情况，快速纠偏，控制进度、成本、质量瑕疵和风险在可控范围内。

（5）收尾过程组。就是各种收尾工作，包括成果交付、采购完成。这个阶段的核心就是"复盘"，哪怕装修过程"不堪回首"，也要趁热打铁，盘点过程中踩过的那些"坑"，吃过的那些"苦头"，避免下一次投资时，在同样的地方摔倒。有时，伴随着相关人员的离职，这些有价值的信息也随之散落，事后很难再收集回来，所以要及时进行复盘整理。

总而言之，对掌门来说，他应该站在更高的思维层面，超越具体行业的经验，超越执行细节，更多侧重规划管理和资源调配，以确保工程目标和愿景的实现。

臣药：严选装修公司

臣药是辅助君药，加强治疗主证的药剂。一个专业和经验俱佳的装修公司，如君之股肱之臣，确保工程成功完成。

反之，如果掌门在规划阶段失职，未能选择好装修公司，让糟糕的装修公司承揽工程，哪怕投入再多预算，施加再多管控，也无法保障装修顺利完成。

选择装修公司的注意事项，已经在本章第一节中详述，此处不再展开。

佐药：加强我方管理

佐药，是配伍君臣药治疗兼证，或抑制君臣药毒性之药。投资人自有的项目团队应发挥佐药之效。

一支专业能打、责任到人的管理团队，是最好的佐药。它踏实细致地执行掌门指令，配合装修公司施工，并履行监管职责，在施工方出现质量问题或延期苗头时，及时"解毒"，化解风险，使一切在可控范围内。

掌门人要竭尽全力做好招聘工作，确保项目上有一位精通施工管理的项目经理，对内控制协调施工进度、质量、成本，对外协调谈判外部各方。如果预算允许，最好再配置一位熟悉酒店的运营经理，他可以从未来顾客使用体验和酒店经营的角度，重点检查一些关键工程，提出更有利于未来经营的施工建议，让酒店更符合经济、节能的要求。

如果投资人团队中缺少懂工程的专业人员，指望施工方"自觉"节省成本、做好工程，这简直就是与虎谋皮，即使是优秀的装修公司，也会优先考虑自己的利益，在缺乏制度监管和人员管控的情况下，也会逐渐放纵，不断试探投资人的底线，步步进犯。

使药：增加监理公司

使药，是引导诸药直达病灶，或调和诸药，使之合力祛邪的药物。监理公司是一味好用的引经报使药。

监理公司是提供专业工程管理服务的公司，代表业主方，帮助不懂工程的投资人管理施工业务。

职责上，监理负责施工组织设计和专项施工方案审查；工程质量、造价、进度控制；合同与信息管理、安全生产管理、组织协调……通俗来说，就是监理从工程是否具备开工条件、合同是否有问题、施工方资质是否合格、施工方案和进度及质量保证措施是否达标、资源（钱、人、材料、设备）供应计划是否达标、安全技术措施是否符合工程建设强制性标准，一直到施工单位是否按合同施工、进度是否滞后、质量是否合格等。监理可以有效地监督和约束施工方。

有些专业的项目管理公司，也可以作为一个替代监理公司的备选项，但务必要筛选专业扎实、口碑良好的实干型项目管理公司，不要被皮包公司忽悠。

如果在酒店工程中，掌门人能贯彻 PMI 管理体系，做好工程整体统筹规划，调配整合资源，确保施工方有实力，"自己人"有专业，监理方有标准，如同君臣佐使，各司其职，配伍得当，何愁工程做不好？

【踩坑小结】

酒店的质量和工期控制，其实也就是成本控制。

这种成本控制，不只体现在筹建期，也贯彻在运营期。一个修了坏、坏了修的"拉链"式的酒店，会激怒顾客、增大能耗、浪费人力，影响酒店的销售，偷走投资人的利润。

为质量所做的投入，不是"支出"，而是"投资"——工程中用对的每一分钱，都将凝聚成酒店的核心竞争力。

在筹建阶段就做好工程管理，按时、保质地完成施工，才是降本之源。

8

第九章
筹开关

亲爱的掌门人：

恭喜你！来到了最后一关！此刻酒店已确定了开业日期，接下来需要完成酒店工程收尾检验、运营物资采购、营业证照申办、运营团队招聘培训、组织架构搭建、营销计划制订等工作。筹开阶段的问题，主要集中在三点。

☐ 资金问题，开业前预算制定不足，影响运营物资采购；

☐ 证照问题，营业证照申办规划不利，影响及时拿证；

☐ 人员问题，团队招聘和架构不合理，影响运营水平。

让我们跟随老猫，来看看筹开关会遇到哪些问题吧！

NINE

筹开关

冲刺开业!

开业

（九）筹开关

办证攻略
酒店筹开

（七）设计关

设计沟通攻略
加盟店设计
选设计公司
选设计

施工管理
选装修公司

（六）融资关

融资渠道
融资

（八）施工关

（四）评估关

调研攻略
投测
调研
评估

（五）定品牌关

单体酒店创品牌
选品牌攻略
加盟酒店选品牌

定位
评估

（二）选位置关

选址攻略
选竞争位置
选地理位置
选合伙人
流程管理
酒店入行

（一）入行关

（三）选物业关

签合同
谈房租
选物业攻略
选物业

入行

本关目标：酒店开业筹备

本关任务：工程验收、团队组建、物资采购、证照申办、营销开展

本关用时：2~4 个月，因酒店定位不同而异

本章导航：【酒店筹开】【办证攻略】

酒店投资
避坑地图
好酒店是选出来的

第一节　酒店筹开

"酒店筹开都需要做哪些工作？"

筹开是酒店开业的临门一脚，上承工程收尾，下接开业运营，如果筹开不利，会导致节点失控、人员失调，拖后酒店开业时间，也影响未来运营。

本节来扒扒酒店筹开关常踩的那些坑。

【老猫踩坑】

老猫九条命的第九条，只差 0.01 厘米就命殒筹开关。

证照办理历来是酒店筹开的头等大事，老猫也非常重视，鉴于自己人生地不熟，所以他一早就委托了办证公司，对方拍着胸脯子保证："猫总，你就把心放肚子里吧！这些年 J 市的酒店，至少有一半是我给跑的证！咱们路子熟着呢！"老猫庆幸自己找对了人，交了钱，静候佳音。

安排完证照事宜，老猫主抓工程验收。

他的酒店是一家加盟店，须由品牌方进行竣工和开业验收。为了提速，老猫和施工方统一战线：其他问题先放一放，力保完成品牌方的验收项目，等验收过关后，回头关起门来再慢慢自查。可饶是如此，验收时却一波三折，检查出一大堆工程问题，其中不乏红线问题，未能如期通过验收。

屋漏偏逢连夜雨，办证也被卡了脖子。

办证公司："今年办证难度增加了许多。"

老猫皱眉问："是要加钱吗？"

办证公司："这不是钱的事，现在政策有所调整，原本只需消防部门来现场核验即可，如今增加了住建局和质检站的验收环节，工程整体验收通过后才能走到下一步。咱项目上有些地方不达标，必须整改后才能再次申办。"

老猫试探着问："能找找人吗？"

办证公司："这不行，阳光办证，全流程都是网上操作，全透明的。"

酒店就这样陷入了漫长的整改……

整改是需要钱的，工程到了尾声，施工方一分钱也不肯垫付，坚持等老猫打款后再动工。可老猫当初做筹开预算时，只留了酒店总投入的10%，账上的钱远远不够工程增项，他连买布草的钱也先挪用了。没办法，当前必须先力保整改完成，否则拿不到证，通不过品牌方验收，根本就不可能开业。

钱流一断，现场的正常工作都被迫停下了：采购停了，各项运营物资能拖则拖；开荒停了，前脚清洁，后脚工程整改，开荒成了无用功；招聘停了，此前到岗的员工看出情形不对，也集体辞职而去。仅存的员工也人心惶惶，正常的市场调研、营销计划制订、制度搭建和培训都无法进行，现场笼罩在一片混乱、焦灼、不确定的情绪当中。

老猫比谁都焦虑、忧惧，虽然一直安抚着员工，马上就胜利在望，但他比谁都清楚，终点还早着呢，他甚至都不知道，等着他的是"过关"，还是"过世"。

【踩坑分析】

老猫这次踩坑，根源在于没有做好筹开统筹规划。

筹开，即开业前的准备工作，酒店定位不同，筹开所需时间差距很大。档次越低，业态越少，筹开期越短，如经济型酒店因功能单一，人员精简，只需1~2个月即可，中端酒店2~3个月。其中，连锁酒店因设计统一化，采购模板化，所需时间更短。

筹开期非常考验掌门人的统筹能力，若统筹得当，各项工作节点卡得严丝合缝，事务虽多但有序推进；若统筹不当，工序衔接脱节，团队缺乏协作，人忙得团团转，事搞得一团麻，浪费大量的时间和财力。

筹开期的统筹无外乎三点：钱、人、证。没钱寸步难行，有钱但缺少适合的人，工作也无法落实；而证是生命线，证照一天不到位，一天就别想开业。所以筹开期的工作重心就是：制定合理的开业前预算；招聘适合的人做正确的事；规划开业证照的申验办理。如果这三条线梳理不清楚，筹开很难稳步有序地推进。

除了上述问题外，有的酒店在筹开期还将面对"历史遗留"问题。由于筹开期会对项目进行综合验收，如同一次大考一样，此前在设计、装修阶段埋下的雷，将在"考试"时全面爆发，这些"历史遗留"问题，让本就复杂的现状变得更棘手，甚至有可能变成压倒骆驼的最后一根稻草。

总之，筹开期是酒店筹建的最后阶段，也是开业前的序幕；既承担着工程的收尾，也肩负着新员工的招聘培训，它承上启下，在很大程度上影响着未来的运营，投资人应全力以赴。

【常踩之坑】

筹开关面临多重挑战，常见的坑主要有五个：

坑 84：人员安排不利

有些酒店用人不合理，计划做得再好，没人去落实到位也白搭。

常见的用人不合理主要包括三种：

（1）群龙无首，有些酒店缺少核心人物，导致筹开整体统筹不利。一般来说，筹开的主心骨是业主代表和酒店总经理、店长，这两个核心职位如果迟迟不到位，或虽然人到了，但能力撑不起职责，筹开经验不足，很容易眉毛胡子一把抓，抓了两手空。

（2）因人设岗，有些酒店任人唯亲，没有基于职能需求组建筹开团队。完备的筹开小分队应包含工程、财务、人力、营销岗位的专业人士，各岗位各司其职、专业协作方能搞好筹开。"自己人"常因为专业性不足，无法胜任工作。

（3）分身乏术，有些酒店为了节省人力成本，极度压缩筹开团队。有些甚至恨不能把一个人掰成两个、三个来用，超负荷之下疏漏丛生，给酒店未来运营埋下地雷。

避坑地图

（1）确定组织结构。掌门人按酒店定位、规模、管理模式等确定未来经营团队的架构，对管理层架构和各部门人员编制细化。对连锁酒店来说，品牌方有明确的人员组织架构，需执行品牌方要求，优化的空间主要在于己方人员，避免因人设岗。

（2）选聘资深店长。对连锁品牌门店来说，在申请店总经理、店长时，强调自己作为初次投资者，急需筹开经验丰富的店总经理、店长支持。如有必要，可以申请提前 1~2 个月到岗，尽早进入工作状态，指挥筹开工作。

（3）制定相关制度。根据酒店定位和酒店经营需求来制定相应的管理制度、服务流程、服务标准等。酒店业历经几十年沉淀，这方面有很多优质资料，掌门人要善加利用，不要重复发明轮子（无谓的重复劳动）。

坑 85：筹开经费不足

筹开经费不足，一是因为立项时做的筹开预算偏低，钱不够花了。许多新手掌门计算开办费时，粗暴地按投资总额的一定比例计算，更有甚者直接取了一个整数，把开业前的所有花销都囊括其中，但对于到底包含哪些分项，各分项的投入占比并不了解，也懒得了解，一切等着临到跟前再说。二是预算分配不当。有些投资人在面子工程上很舍得花钱，一幅挂画豪掷千金，在里子上却一省再省，在长期用的设备上也狂压成本，本末倒置。

避坑地图

酒店开业前的花钱项包括开办费、视觉设计费、人员招聘和培训费、开业典礼费用、人员工资及相关费用、公关费、不可预见费等。其中，开办费又可分为酒店经营设备和预开业费用。前者是要长期使用的部分，不要在这上面压缩成本；后者多是一次性费用，能省则省。

新手掌门人通常缺乏专业的采购团队，也不具备审批预算明细是否合理的能力，可以施行审批预算额度，或找专家顾问帮忙审核。

对加盟酒店来说，品牌方会提供标准化的采购清单，其中注明了平台集采和业主自采的比例，由店总经理、店长负责落实，但投资人不能当甩手掌柜，应主动参与管控，结合自身情况，把控具体项目及采购次序。

坑86：证照办理不妥

指酒店办理经营证照时规划不当，导致酒店万事俱备，还在等证。

影响证照办理的主要原因有三个方面：

（1）工程拖累，如竣工延期，验收卡壳等。如消防验收不通过，反复整改。

（2）合规暴雷，如物业缺少权属证照，施工许可证存在问题等（具体内容详见第三章、第八章）。

（3）统筹失度，如办理消防证件时，才发现缺少施工中的材料备案不及时，只能回过头来补相关手续和证件，既耽误时间，还有违规可能。

避坑地图

（1）前期不挖坑。避免设计反复变更，装修大规模返工，把质量一次做好，严守工程节点，确保工程如期保质地完工。这一条需要投资人自始至终绷紧管理弦，尤其是在设计关和施工关，提前识坑避坑，不要前面攒下一身病，导致后面沉疴难治。

（2）合规是生命线。恪守相关法律法规，未来各项审理流程会越来标准化、阳光化、网络化，不会给侥幸者留下钻空子的机会。拿消防证件来说，有的城市只需通过消防部门验收即可拿证；有的城市则没那么容易，需要先图审，图审通过后办理施工许可证，待工程竣工后，质监部门对整体进行验收，确认与图纸一致后，才能办理消防证件，整个过程贯穿施工始终，首尾要一致，有一个环节违规，就会影响最后拿证，休想再打擦边球过关。

（3）办证要有前瞻性。根据酒店所在地的政策要求，提前了解办证类型、流程，提前备好相关资料，列出办证计划表，按计划推进，如有异常，及时处理解决，避免延误。具体要办哪些证，怎么办，将在下一节中详叙。

坑 87：营销计划不当

（1）定价不切实际。有的酒店定价前，只是打了几个电话，问了问周边竞品的价格，就直接拍板定下了价格体系，完全没有结合竞争环境、自身酒店定位、隐形竞争成本、阶段营销目标、长远竞争策略来进行规划，实在是过于草率。

（2）形象粗枝大叶。有的酒店细节做得很不到位，在外围环境装饰、内部氛围渲染、导示系统构建等方面，大大咧咧，细节经不起审视，让酒店形象和用户体验大打折扣。

（3）简介虚头巴脑。筹开期的酒店简介主要用于两个场景，一是员工招聘和培训，二是外租区的招商说明。这两个场景都需要开门见山，实打实地列出酒店的周边资源、交通情况、功能设施、经营特色等。但有些酒店简介空话连篇，动辄"以客户为中心""服务一流"，却说不清楚自己从哪些方面以客户为中心。空话十几页，废纸两三斤。

避坑地图

（1）数据化市场调研

在评估阶段时，曾对周边竞争酒店群做过一轮摸排，此时已然过去了数月甚至经年，市场格局悄然改变，掌门人需要组织新一轮的调研，以支持营销计划和定价体系的制定。

本轮调研与评估阶段相比，在调研主体、内容、颗粒度上有着显著不同。

调研主体从投资方筹建团队变成运营团队，由店总经理、店长组织安排调研。本次调研也是新招聘的团队迅速了解项目，了解竞争，进行磨合的一个重要路径。

调研重点转移到中观区域酒店市场，以及微观竞品酒店身上，侧重于了解竞争群酒店的竞争格局、经营现状、市场定位、用户画像等。

调研颗粒度变得更精细，需挖掘到各种经营数据，如 RevPAR、出租率、餐饮人均消费等。

（2）精细化视觉设计

一是落实好细节，安排专人负责视觉方案落地，大到软装氛围打造，小到一盆绿植布置，都要精细化管理；二是用好设计师，在方案实施过程中，及时和设计师沟通确认效果，尤其遇到一些和现场情况不符的，双方要因地制宜寻找更优解。

（3）定制化宣传话术

好的宣传话术可以成为酒店"不用说话"的推销员，"自动化"完成酒店宣传推广。

筹开阶段，酒店宛如新生儿，市场上对它还一无所知，此时的宣传话术要落在实处，侧重"属性"，重点自我介绍"我是谁，我有什么功能"，以便受众更快地理解产品。就像当年 iPod 亮市，作为一个用户完全没有认知的全新品类，乔布斯告诉大家："它能装进 1000 首歌"；而当后期它已经家喻户晓时，自我介绍就从功能介绍（随时随地听歌，长得小，内存大），变成了情感诉求（"想听就听，不受束缚"），以及更高层面的文化打动（音乐生生不息）。

酒店宣传时，暗藏着一条逻辑线：像爬山一样，沿着功能价值→体验价值→精神价值→文化价值，逐阶往上爬，在什么阶段聊什么事，顺序不能弄反了，不要在别人还不知道你是谁，能干吗的时候，就玩起了情感共鸣："给你最好的服务。"

酒店的自我介绍不能千人一面，要根据不同的用户群体，提炼其关注的价值要点，定制多种版本。例如，给 C 端顾客看的，重在形象打造和价值传递；给招商客户看的，重在商机展示和合作承诺；给员工看的，重点介绍企业文化、就业环境和成长机会。

坑 88：工程验收不严

工程验收有多种，有投资人内部验收、品牌方验收、品牌方邀请第三方监理验收、行政主管部门验收等。

验收时常踩的坑有两种情形。

一是内部验收不严格，如业主方的项目经理或监理人员，在施工过程中潦草敷衍，在节点验收时蜻蜓点水，导致问题未能第一时间发现，埋下质量隐患；二是第三方验收时蓄意放水，如有些加盟酒店投资人为了通过品牌方验收，刻意瞒报谎报问题，甚至不惜公关品牌方验收人员，以求火速搞定验收，抢开业时间。

避坑地图

首先，掌门人要端正验收态度。验收是确保工程质量的有效方法，把每一次验收当成工程"期中"考，及时整改验收问题，确认达标后再推进，形成闭环，才有可能考好"期末"考。毕竟，一旦验收完交了钥匙，工程问题就成了自己的问题。

其次，抓住验收重点。侧重于内部查验，要知道，即使最严格的"三方"验收，也只是以点代面的抽检，无法取代内部验收。对酒店来说，能否执行应检尽检的全覆盖式检查，是趁早发现工程问题，及时止损的关键。

最后，规范验收流程。内部的验收至少应分为初检和复检两个轮次，初检由店长或管理人员，制作系统的查检表格，并培训员工检查流程、表格记录方法、问题汇总格式。自检时，客房区域可以以房间为单位，逐项清点问题，如门缝是否能关紧，插卡取电各设备是否正常运转，各龙头出热水时长，是否存在漏水点，卫生间漏水是否顺畅，地漏是否在最低点等，甚至门漆划痕、玻璃胶溢出等小细节。公区按区域划分，也是逐项列明需检查项。

初检过程中发现的问题，可以先将共性问题发至施工方同步整改，其他内容汇总后，由施工方签字确认整改时间，待整改完毕后，再进行二次复检，重点排查上次需整改问题点，复核整改结果，确保满足酒店功能需求，提升用户使用体验。

【踩坑小结】

筹开是开业前的预演，是团队磨合的重要路径，一方面保证酒店各项硬件设施满足开业要求，另一方面磨砺团队默契程度以满足日后运营要求。

凡事预则立，不预则废。筹开期的准备程度，关系酒店是否能旗开得胜。

自此之后，酒店将结束筹建，大踏步迈入全新的运营阶段，从此潜龙腾渊，乳虎啸谷，愿每一位投资人都能前途似锦，来日方长！

第二节　办证攻略

"开一家酒店都要办理哪些证件？"

本节我们跟着老猫感受一下跑证过程。

注：老猫的跑证之路，仅供参考。

【酒店背景】

所在地区：山东某二线城市 J 城

酒店类型：中端连锁酒店，100 间客房，配有餐厅、会议室、图书售卖空间等

物业类型：老房改造

因酒店所处城市不同，物业类型不同，酒店经营范围不同，办证的种类、前置条件、流程也有所不同。许多政策和法规也处于不断更新和调整中，投资人办证时务必详询当地相关部门，了解最新政策，切勿生搬硬套。

注：标星类 * 为重点难关，需重点关注，以免影响开业。

【办证之旅】

证：营业执照
主管部门：市场监督管理局
申办时间：确定租赁物业后即可办理
办证时间：3~5 个工作日

老猫敲定物业后，便着手注册新公司。为了提高核名的通过率，他煞费苦心，想了好几个备选名字，一举成功，顺利地办理了营业执照。他用这个干干净净的新公司签下了租赁合同、加盟合同等。

所需材料：

✓ 公司法定代表人签署的《公司设立登记申请书》；
✓ 全体股东签署的《指定代表或共同委托代理人的证明》及指定代表或委托代理人的身份证（本人签字）；
✓ 全体股东签署的公司章程（盖公章或签字），这条很关键，千万不要把公司章程当成走过场！合伙买卖要提前做好君子约定，用契约的形式固定下来；
✓ 股东的主体资格证明，股东为企业的，提交营业执照副本复印件；
✓ 住所使用证明（店铺使用经营场地的产权证明及备案合同）；
✓《企业名称预先核准通知书》；
✓ 工商局要求的一些相关资料。

拿到营业执照后，刻制印章（一般 2 天后即可取得）；办理组织机构代码（向技术监督局递交申办资料，一般 5 个工作日内可以办结）。

证：施工许可证 *
主管部门：工程所在地县级以上人民政府住房城乡建设行政主管部门

（住建局、住建委）

　　申办时间：设计完成后，酒店开工前

　　办证时间：7个工作日（最理想状态）

　　酒店开工前需先办理施工许可证（全称为"装饰装修工程施工许可证"），否则就是违法施工。

　　申办前提：已确定建筑施工企业；有满足施工需要的施工图纸及技术资料；有保证工程质量和安全的具体措施；建设资金已经落实。

　　该证由施工单位（具有施工资质）负责申报，办理流程为系统申报→审批办公室受理→审核→核发证书。

　　对于不改变建筑物使用性质、结构、外部轮廓和建筑面积的装修装饰工程，办理时需提供的材料有：

✓《装饰装修工程施工许可申请表》；

✓ 房屋权属证明，租赁房屋的还需出具租赁协议、产权人出具的同意装修证明；

✓《××市建设工程施工图设计文件综合审查合格书》（含消防审核意见）；

✓ 属场内招标的提供《中标通知书》（施工、监理）及施工合同，属场外招标或直接发包的提供施工、监理合同；

✓《危险性较大工程清单》；

✓ 装饰装修工程项目施工许可办理承诺书。

　　对于改变建筑物使用性质、结构、外部轮廓和建筑面积的装修装饰工程，按新建房屋建筑办理施工许可手续。

　　另外，不改变主体结构且建筑面积在500平方米以下的装饰装修工程，可以不申办施工许可证，由建设单位（或个人）在开工前持施工图、施工方案报工程所在地区县住房城乡建设主管部门备案。

　　理论上，办理施工许可证只需7个工作日，但老猫办证却用了3个多月。因他的物业属于老旧物业改造，施工图需要先进行图审，符合国家相关要求后方能办证。他数易图纸才通过图审，办证也因此延后。

证：质量、安全监督档案

主管部门：建设工程质量监督站（质监站）

申办时间：酒店开工初期，办理施工许可证后

办证时间：7 个工作日（最理想状态）

办理完施工许可证后，需办理《质量、安全监督档案》（俗称的"质安监"），申办质量监督档案需提交的材料有：

✓《建筑工程质量监督登记表》；

✓《施工单位中标通知书》，如果没有中标通知书，就提供施工合同；

✓《监理单位中标通知书》（有的话）；

✓《施工图设计文件审查合格书》；

✓《法定代表人授权书》（每个单位都要交）；

✓《工程质量终身责任承诺书》

办理安全监督档案时需提供的材料有：

✓《建筑工程安全措施备案登记表》；

✓《危险性较大工程清单》；

✓ 安全文明施工措施费拨付发票（多按工程款的一定比例支付，用于安全防护、文明施工的费用）；

✓ 工伤保险以保缴费证明（按合同价格的比例支付，去所在区社保办交纳）；

✓ 项目经理证书复印件；

✓ 专职安全员证书复印件。

质监站系统需要报送审核，各地市都有自己的质量安全监督管理系统。备案后，质监站会在施工过程中不定期来工地进行安全检查。

证：消防设计审核意见书 *

主管部门：工程所在地县级以上人民政府住房城乡建设行政主管部门（住建局、住建委）

申办时间：开工初前

办证时间：约 20 个工作日

由具有施工资质的消防施工公司负责申报。

办理流程：书面申报→受理→图纸资料审查→拟定审核意见→技术复核→审批→送达。

办理时需提交的材料有：

✓《建设工程消防设计审核申报表》；

✓ 建设单位的营业执照等合法身份证明文件；

✓ 设计单位资质证明文件；

✓ 消防设计文件；

✓ 法律行政法规规定的其他材料。

另外，《消防设计审核意见书》只证明建筑工程消防设计是否合格。

证：消防验收意见书 *

主管部门：市（区）消防支（大）队、质监站

申办时间：工程完工后 10 个工作日

凡依法经消防设计审核的建筑工程竣工后，应申报建筑工程消防验收。

有些地区的消防验收，主要由消防支（大）队负责验收，现场核查消防设施、设备符合要求，便可拿到验收意见书；有些地区则严格得多——建筑工程开工前，须将设计方案（图纸）提交住建局（委）审核，图审通过后方可施工。竣工后须由质监站进行验收，除核查消防设施、设备是否符合相关要求外，还要检查是否照图施工。

办理《消防验收意见书》需提供的材料有：

✓《建设工程消防验收申报表》；

✓《工程竣工验收报告》和有关消防设施的工程竣工图纸；

✓ 消防产品质量合格证明文件；

✓ 具有防火性能要求的建筑构件、建筑材料、装修材料，符合国家标准或者行业标准的证明文件，出厂合格证；

✓ 消防设施检测合格证明文件；

✓ 施工、工程监理、检测单位的合法身份证明和资质等级证明文件；

✓ 建设单位的营业执照等合法身份证明文件；

✓ 法律、行政法规规定的其他材料。

有些新手掌门人把《消防设计审核意见书》和《消防验收意见书》混为一谈，前者是建筑工程开工前，将设计方案（图纸）提交住建局（委）审核，后者是按消防机关审核合格的方案（图纸）施工，工程竣工后，由消防机关对工程进行消防验收。设计审核合格，不代表验收就一定合格。

证：公众聚集场所投入使用、营业前消防安全检查合格证 *
主管部门：市（区）消防支（大）队
申办时间：消防验收后 7 个工作日

此证便是投资人常挂嘴边的"消防证"，堪称酒店最难办的一个证件，老猫也在这个证上走了很多弯路。

办理时需提供的材料有：

✓《建筑工程消防设计审核意见书》原件、复印件；

✓《建筑工程消防验收意见书》原件、复印件；

✓ 消防安全管理制度；

✓ 灭火和应急疏散预案；

✓ 消防安全培训（考核）记录；

✓《消防安全检查申报表》。

消防部门现场检查通过审核后出具《消防安全检查意见书》。

证：建设项目环境影响报告审批

主管部门：市（区）环境保护局

申办时间：项目开工初期到工程完工前 20 天完成

办证时间：约 20 个工作日

俗称"环保批文"，申办时需提供的材料有：

✓ 选择具有环评资质的公司出具《建设项目环境影响报告表》；

✓《建设项目环境影响评价审批表》；

✓ 可行性报告或项目建议书或情况说明；

✓ 地形图；

✓《建设项目环境影响报告表》；

✓ 项目产权证、租赁合同；

✓ 污水纳管证明（排污证明）；

审核通过后所在辖区的环保局出具批复函。有些城市无须办理此证，详询当地环保主管部门。

证：卫生许可证（公共场所、食品）*

主管部门：市（区）卫生局

申办时间：项目开工初期到工程完工后的 20 个工作日完成

办理时需提供的材料有：

✓《公共场所（食品）卫生许可申请登记表》；

✓ 法定代表人资格证明；

✓ 建筑设计的卫生审核资料或经营场所的地形图、平面布局图、通风图及卫生防护设施图；

✓ 食品经营活动的场所和设备布局、工艺流程、卫生设施等示意图；

✓ 注册地址经营证明（产权证、租赁协议）；

✓ 从业人员有效健康检查和培训资料证明；

公共卫生需要提前准备好检测报告，如《中央空调的检测报告》《空气检测报告》《布草检测报告》《二次供水检测报告》。

证：特种行业许可证 *

主管部门：市（区）公安局

申办时间：取得《消防安全检查意见书》后 20 个工作日完成

俗称"特行证"，申办时需提供的材料有：

✓《特种行业经营申请登记表》（旅馆业）；

✓ 上级行政主管部门的批准文件；

✓ 标明房号的经营场所内部设施平面图和文字说明（所以要确保酒店的导示系统已经安装到位）；

✓ 公安消防部门出具的符合消防要求的验收意见书和开业检查书；

✓《房屋安全鉴定报告》、"技术防范许可证"（部分地区需要）。

拿到特行证，就意味着可以开业了！老猫如释重负，进入开业倒计时冲刺。

证：其他相关证件

根据酒店经营项目的不同，有可能还需要办理以下证件。

食品经营许可。针对餐饮食品等加工行业的许可证，去市场监管局办理。

娱乐经营许可。针对酒吧、KTV 等经营项目，去文化和旅游局办理。

烟草专卖许可。针对酒店有自营超市、有烟柜台的，去烟草局办理。

出版物经营许可。针对有图书售卖的酒店，去新闻出版行政部门办理。

【办证小结】

酒店三证（营业执照、消防证、特行证）的办理时间，直接决定酒店的开业时间。

影响办证速度的两大原因：一是筹建存在违法违规情况，诸如开工手续不全，未按图纸施工、消防验收不达标等，导致最后被卡在办证这一关；二是办证规划不当，酒店办证涉及多所部门，如市场监管、消防、卫健、住建、税务，各个证件间又往往互为前置，如办特行证的前提是有消防证，一个环节出现卡顿，后面都会受到影响，证件申办时，资料准备是否齐全，也会影响办证速度。如办理《消防验收意见书》时，需要提交能证明建筑构件、建筑材料、装修材料防火性能要求的文件等，这些都需要提前准备好，不是临时抱佛脚能拿到的，这一切都倒逼掌门人提前做好规划。

至此，老猫走完了他的首次酒店筹建之旅，我们也跟着他蹚过了酒店投资的九大关，逐一识别领教了投资的 88 个坑。所谓的"坑"，其实就是"风险"，风险从掌门决定投资的那一刻，便如影随形，但我们也无须谈风险而色变——只要风险是可见的，解决风险的成本在可控范围内，那这个风险便是可被接受的。对掌门人而言，重中之重的工作便是有目的地识别、评估风险，主动地、有计划地处理风险，这堪称决定酒店投资成功与否的关键。

主要参考文献

［1］艾·里斯，杰克·特劳特.定位：有史以来对美国营销影响最大的观念
　　［M］.谢伟山，苑爱东，译.北京：机械工业出版社，2011.

［2］陈新.走出中国酒店建设和管理的误区［M］.北京：人民出版社，2017.

［3］孙陶然.创业36条军规［M］.北京：中信出版社，2015.

［4］钱辉.生态位、因子互动与企业演化［M］.杭州：浙江大学出版社，
　　2008.

责任编辑：刘志龙
责任印制：闫立中
装帧设计：王飞
插画绘制：姚映辰

图书在版编目（CIP）数据

酒店投资 88 个坑 / 苏菡著. -- 北京：中国旅游出
版社，2023.5

（闻香识玉人慧眼看酒店系列）

ISBN 978-7-5032-7110-6

Ⅰ．①酒… Ⅱ．①苏… Ⅲ．①饭店－投资 Ⅳ．
①F719.2

中国国家版本馆CIP数据核字(2023)第084949号

书　　名：酒店投资 88 个坑

作　　者：苏菡　著
出版发行：中国旅游出版社
　　　　　（北京静安东里 6 号　邮编：100028）
　　　　　http://www.cttp.net.cn　E-mail:cttp@mct.gov.cn
　　　　　营销中心电话：010-57377103，010-57377106
　　　　　读者服务部电话：010-57377107
排　　版：北京旅教文化传播有限公司
经　　销：全国各地新华书店
印　　刷：三河市灵山芝兰印刷有限公司
版　　次：2023 年 5 月第 1 版　2023 年 5 月第 1 次印刷
开　　本：720 毫米 × 970 毫米　1/16
印　　张：15.75
字　　数：245 千
定　　价：69.00 元
Ｉ Ｓ Ｂ Ｎ　978-7-5032-7110-6